图说西柏坡

康彦新　史进平　王彦红　编著

陕西新華出版
陕西人民美術出版社
SHAANXI PEOPLE'S FINE ARTS PUBLISHING HOUSE
西安

图书在版编目（CIP）数据

图说西柏坡 / 康彦新，史进平，王彦红编著．—西安：陕西人民美术出版社，2021.4（2024.6 重印）

ISBN 978-7-5368-3793-5

Ⅰ.①图… Ⅱ.①康…②史…③王… Ⅲ.①中国共产党－党史－1947－1949－通俗读物 Ⅳ.①D231－49

中国版本图书馆CIP数据核字（2021）第064308号

图说西柏坡

康彦新　史进平　王彦红　编著

出版发行　陕西人民美術出版社

地　　址　陕西省西安市雁塔区曲江街道登高路 1388 号
邮　　编　710061
经　　销　新华书店
印　　刷　三河市悦鑫印务有限公司
开　　本　710mm×1000mm　1/16
印　　张　18.75
字　　数　312 千字
版　　次　2021 年 4 月第 1 版　2024 年 6 月第 3 次印刷
书　　号　ISBN 978-7-5368-3793-5
定　　价　58.00 元

目 录

中共中央在西柏坡概述 …………………………………………………… (1)

1947 年前

西柏坡的美丽传说 ………………………………………………………… (9)
平山出了个“大共产党” ……………………………………………… (11)
太行山上铁的子弟兵 …………………………………………………… (14)
俺叫王家川 ……………………………………………………………… (20)
子弟兵的母亲戎冠秀 …………………………………………………… (24)
为掩护战友失足坠崖牺牲的杨展 ……………………………………… (28)
父母教儿打东洋，妻子送郎上战场 …………………………………… (31)
歌曲《没有共产党就没有新中国》诞生了 …………………………… (34)
歌唱二小放牛郎 ………………………………………………………… (37)
白求恩在晋察冀 ………………………………………………………… (41)
中共中央选择了西柏坡 ………………………………………………… (45)

1947 年

战略决策中共中央“一分为三” ……………………………………… (51)

生的伟大　死的光荣 …………………………………………………（55）
布棚下面创辉煌 ……………………………………………………（58）
一只暖水袋 …………………………………………………………（62）
一个普通的文件箱 …………………………………………………（64）
铲除封建制度的根基 ………………………………………………（67）
千年大变革 …………………………………………………………（71）
一家人 ………………………………………………………………（74）
靠山屯农民写给毛主席的信 ………………………………………（77）
不能一竿子打死 ……………………………………………………（79）
纠“左”力作 ………………………………………………………（81）
石门洞开 ……………………………………………………………（84）
老师赐见学生 ………………………………………………………（88）
市长给老百姓拜年 …………………………………………………（91）
边区创举 ……………………………………………………………（93）
董老学纺线 …………………………………………………………（96）
为什么叫“中国人民银行”？ ……………………………………（99）

1948 年

公家的孩子 …………………………………………………………（105）
董老骑马 ……………………………………………………………（108）
电影院里的会议 ……………………………………………………（110）
第一套人民币 ………………………………………………………（113）
惜别陕北 ……………………………………………………………（116）
毛泽东路过五台山 …………………………………………………（118）
粟裕三谏中央军委 …………………………………………………（121）
“五一”口号发布 …………………………………………………（125）
城南庄遇险 …………………………………………………………（128）
“这个总指挥部选得好！” ………………………………………（130）

处决黄寿发 …………………………………………………………… (133)
让房 …………………………………………………………………… (136)
军用地图上的红毛线、蓝毛线 ……………………………………… (140)
“天天都是东方红!” ……………………………………………… (143)
能走一百步决不走九十九步 ………………………………………… (146)
电报争锋定乾坤 ……………………………………………………… (149)
毛泽东发火了 ………………………………………………………… (153)
巧施空城计，吓退十万兵 …………………………………………… (155)
艰苦奋斗的楷模 ……………………………………………………… (160)
为革命母亲夏娘娘做寿 ……………………………………………… (163)
吴玉章的寿宴 ………………………………………………………… (166)
中共七届二中全会挂像 ……………………………………………… (170)
两拒人民币印头像 …………………………………………………… (173)
谁让你是毛泽东的儿子 ……………………………………………… (176)
领袖和马夫 …………………………………………………………… (179)
毛泽东教农民插稻秧 ………………………………………………… (181)
“可不能忘了我这个姓毛的乡亲哟!” …………………………… (184)
只见公仆不见官 ……………………………………………………… (187)
朱总司令的大寿 ……………………………………………………… (190)
一套金属桌椅 ………………………………………………………… (192)
简朴的婚礼 …………………………………………………………… (195)
雨夜救亲人 …………………………………………………………… (198)
一个茶缸盖 …………………………………………………………… (201)
周恩来的收讯机 ……………………………………………………… (203)
小孩子得救了 ………………………………………………………… (206)
编辑部的故事 ………………………………………………………… (208)
战争年代的婚礼 ……………………………………………………… (211)
毛主席为勤务员保大媒 ……………………………………………… (214)
毛泽东为《人民日报》题写报头 …………………………………… (217)
“疯老头”华子良的故事 …………………………………………… (220)

胡愈之直言战局 …………………………………………………………（224）

1949 年

定都北平 ……………………………………………………………………（229）
王震请缨到新疆 ……………………………………………………………（232）
懂戏的毛泽东 ………………………………………………………………（235）
上海人民代表团“谋和”之行……………………………………………（238）
坦诚相见，“功大于过”的傅作义 ………………………………………（241）
只带耳朵的客人 ……………………………………………………………（245）
辣椒与酒量的“较量” ……………………………………………………（247）
山沟里的中央马列学院 ……………………………………………………（249）
“冲破黑暗的黎明之声” …………………………………………………（252）
第一部《中华人民共和国婚姻法》的诞生 ………………………………（255）
难忘的三天竟日长谈 ………………………………………………………（258）
沸腾的李家庄 ………………………………………………………………（260）
毛泽东、周恩来共邀宋庆龄北上 …………………………………………（263）
田汉编绘的台湾历代作战登陆图 …………………………………………（266）
红色记者杨刚来到西柏坡 …………………………………………………（268）
毛泽东与吴晗畅谈中国历史 ………………………………………………（270）
陈叔通直言献策 ……………………………………………………………（273）
毛泽东亲切看望老师符定一 ………………………………………………（276）
毛泽东与民主人士彻夜谈心 ………………………………………………（278）
为七届二中全会执行警卫任务 ……………………………………………（282）
小小屋子两家亲 ……………………………………………………………（285）
军旗在西柏坡诞生 …………………………………………………………（287）
进京赶考去 …………………………………………………………………（290）

中共中央在西柏坡概述

1946 年 6 月，国民党反动派在美帝国主义的支持下，撕毁停战协定，悍然发动了全面内战。中国共产党领导中国人民解放军，经过八个月的英勇作战，到 1947 年 2 月，累计歼灭了国民党正规军 66 个旅 54 万余人，非正规军 17 万人，使国民党反动政权丧失了对解放区实行全面进攻的能力，使其迅速消灭人民革命力量的狂妄计划宣告破产。国民党军队不得不改变其战略方针，从 1947 年 3 月起，集中兵力，重点进攻我山东、陕北两个解放区。其中，进攻陕北解放区的兵力有 34 个旅 25 万余人。

3 月 13 日，胡宗南率 15 个旅 14 万人向延安进犯。

我军驻守在延安的兵力不足两万，敌我力量悬殊。为了在运动中歼灭敌人，保存我军的实力，中共中央决定主动撤离延安，转战陕北。

3 月 18 日，中共中央主动撤离了延安。

3 月 29 日，中共中央到达陕北清涧县的枣林沟，在这里召开了紧急会议。会议上将中央机构进行了分工，决定毛泽东、周恩来、任弼时率领中央前敌委员会（简称中央前委）留在陕北，主持中共中央和人民解放军总部的工作，牵制敌人的部队，指挥全国的解放战争；刘少奇、朱德、董必武率领中央工作委员会（简称中央工委）前往晋西北或其他适当地点完成中央委托的工作。会议前一天，中共中央还成立了以叶剑英为书记的中央后方委员会（简称中央后委），前往山西临县统筹后方工作。

5 月，以刘少奇为书记的中央工作委员会来到西柏坡，7 月 12 日，在西柏坡村正式办公。受中共中央委托，中央工委在西柏坡召开了全国土地会议，建立了华北财经办事处，指导晋察冀的军事斗争。

1947 年 7 月 17 日至 9 月 13 日，中央工委在西柏坡组织召开了中国共产党全国土地会议，会议通过了《中国土地法大纲》（以下简称《大纲》）。《大纲》规定：“废除封建性及半封建性剥削的土地制度，实行耕者有其田的土地制度。”之后，中央工委成功地领导了解放区的土地改革和整党工作，解放区约有一亿农民获得了土地，这极大地激发了广大农民参军参战的热情。翻身农民踊跃参军参战，支援前线，从人力、物力上支援了解放战争，大大加速了解放战争胜利的进程。

为了迎接革命战争的新高潮，贯彻中共中央关于“动员一切力量，全力准备反攻”的指示，从财政经济方面保障长期的大规模战争的军需供给，保障人民的生活，中央工委在中共中央的领导下，召开华北财经会议，明确了保障长期战争的军需供给是财经工作的首要任务。根据华北财经会议决议，报经中央批准成立了华北财经办事处。华北财经办事处在统一华北各解放区财政经济政策，调剂各解放区财经关系，指导华北各解放区财政经济工作，支援战略反攻、夺取解放战争胜利方面，为中国革命做出了积极贡献。

晋察冀边区是中国共产党领导创建的第一个敌后抗日根据地，曾经为抗日战争的胜利做出了重大贡献。但是，抗日战争胜利后，由于种种原因，边区的军事建设相对较为薄弱，全面内战爆发后，还没有打过大的歼灭战。为此，以毛泽东为首的中共中央多次来电，希望能打几个漂亮仗。刘少奇和朱德集中相当一部分精力来指导晋察冀的军事工作。他们一起进行调查研究，查找问题的症结所在。思想上统一认识，确立“打大歼灭战”的思想；组织上进行调整，组成强有力的野战军指挥机构，同时加强野战部队的训练和整顿。通过指导，晋察冀的政治和军事斗争情况稳步好转，发动了一系列战役，彻底扭转了华北战场的被动局面。南下正太、东取青沧、出击保定，三战三捷，开始掌握战场主动权。清风店大捷，是我军在华北打的一个漂亮的翻身仗。华北重镇石家庄的解放，开创了人民解放军夺取大城市的先例。

石家庄的解放，使晋察冀和晋冀鲁豫两大解放区连成一片，为华北解放区的统一奠定了基础，也为中共中央转移到华北创造了有利条件。

1948 年 3 月，中央前委在完成转战陕北的战略任务后，为了更有力地指挥全国的解放战争，决定离开陕北向华北转移，与中央工委会合。3 月 23 日，毛泽东率中央前委在陕北吴堡县川口东渡黄河，途经山西临县、兴县、岢岚、五寨、神池、代县，4 月 11 日翻越五台山，5 月 26 日到达西柏坡，中央工委随之与中央合并。至此，中共中央五大书记毛泽东、朱德、刘少奇、周恩来、任弼时在西柏坡会合，西柏坡成了当时中国革命的领导中心。

4 月 30 日，中共中央发布了纪念“五一”劳动节口号，号召各民主党派、各人民团体及社会贤达，迅速召开政治协商会议，讨论成立民主联合政府。5 月下旬，中共中央决定将晋察冀和晋冀鲁豫两个解放区合并为华北解放区。为了统一领导，建立了刘少奇任书记的华北局和聂荣臻为司令员的华北军区，同时成立华北联合行政委员会。8 月 7 日，华北临时人民代表大会在石家庄开幕，19 日闭幕。大会选出了华北人民政府机构成员。华北解放区的统一和华北人民政府的成立，为我军进行战略决战建立了强大巩固的后方，同时也为即将建立的新中国政权建设进行了有益的探索。

9 月 8 日至 13 日，中共中央在西柏坡召开政治局扩大会议即“九月会议”。会议全面规划了今后的工作，提出了在五年内从根本上推翻国民党反动统治，建设五百万人民军队的伟大任务。为了适应大规模正规战争的需要，党中央要求全党全军用最大的努力克服无纪律、无政府状态，克服地方主义和游击主义，将一切可能和必须集中的权力，集中于中央和中央代表手里。这次会议，为我党我军同国民党反动派展开战略大决战，从政治上、思想上、组织上和物质上做了充分准备。

按照中央部署，9 月 12 日，我军发起了辽沈战役；11 月 6 日发起淮海战役；11 月 29 日发起平津战役。三大战役紧锣密鼓、环环相扣，在西柏坡总指挥部，毛泽东在这里亲笔起草了《关于辽沈战役的作战方针》《关于淮海战役的作战方针》《关于平津战役的作战方针》等一系列重要文件和命令。

三大战役从 1948 年 9 月 12 日开始，到 1949 年 1 月 31 日结束，历时 139 天，歼灭和改编国民党军队 154 万余人，使国民党政权赖以维持其反动统治的主要军事力量基本上被消灭，大大加速了全国解放战争胜利的进程。

1949年元旦，蒋介石发表元旦文告，提出愿意与我党进行和平谈判的虚伪建议。为此，毛泽东在西柏坡为新华社撰写了新年献词《将革命进行到底》。1月14日毛泽东发表了《关于时局的声明》，用生动的历史事实揭露了蒋介石的假和谈阴谋。1月21日，蒋介石以“因故不能视事”为名，宣告“引退”，把总统职务交给副总统李宗仁“代理”，自己则退居幕后指挥。蒋介石“下野”后，李宗仁同意以中共提出的八项条件为谈判基础，并于1949年2月上旬在上海组织了颜惠庆、章士钊、江庸为代表的和平代表团，邵力子以私人资格参加了代表团。这个代表团于2月14日到北平与我党商谈和平谈判问题，2月22日来到西柏坡，随同前来西柏坡的还有傅作义、邓宝珊两位将军。他们受到毛泽东、周恩来和其他中共中央领导同志的接见，周恩来同他们就和平谈判、南北通航通邮等问题，广泛交换了意见。24日，这个代表团同傅作义、邓宝珊两位将军离开西柏坡飞返北平。时隔一个多月，以周恩来为首的中共中央代表和以张治中为首的南京国民党政府代表的国共两党的和平谈判，从4月1日起在北平举行。

1949年1月31日至2月7日，中共中央在西柏坡会见了苏共代表米高扬等人。中共中央领导人毛泽东、朱德、刘少奇、周恩来、任弼时等与苏共代表连续进行了三天的正式会谈。为了使斯大林全面了解中国革命胜利发展的形势，谈话范围极广，内容涉及中国的军事、政治形势，革命胜利后建立国家政权的问题，恢复生产和经济建设，军队整编，国际关系及中国对外政策总方针、台湾和西藏问题，民族资产阶级和私营工商业问题，民族问题和民族政策，中共党内的状况，旅顺问题、新疆问题、蒙古问题等。2月7日凌晨，米高扬由朱德、任弼时陪同乘车抵石家庄，随后秘密地乘飞机从原路回国。米高扬此次访问西柏坡，对于改善苏中两党关系，对斯大林了解中国革命及其领袖毛泽东等，对于减少苏共对毛泽东和中国共产党人的疑虑，具有重要作用。特别是在新中国成立之初，苏共中央和苏联政府第一个承认新中国并建立外交关系，且在政治、经济和军事诸方面都给予了巨大支持和援助，对中国革命和新中国的建设事业产生了很大的影响。

在国民党政府摇摇欲坠、全国人民迎接解放的大好形势下，1949年3

月 5 日至 13 日，具有伟大历史意义的中共七届二中全会在西柏坡召开。毛泽东主持了这次会议，并做了极为重要的报告。他在报告中提出了党的工作重心应逐步从乡村转到城市，促进革命迅速取得全国胜利和组织这个胜利的各项方针；规定了在全国胜利以后，党在政治、经济、外交方面应当采取的基本政策，以及使中国由农业国转变为工业国、由新民主主义社会转变为社会主义社会的总的任务和主要途径。毛泽东在报告里，特别着重分析了当时中国经济各成分的状况和党所必须采取的正确决策，指出中国实现社会主义改造的必经之路，批判了在这个问题上的各种“左”右倾偏向，指出我们要全心全意依靠工人阶级，迅速恢复和发展生产。他还预估了中国人民民主革命胜利以后，国内外阶级斗争的新形势，并及时地告诫全党要警惕资产阶级“糖衣炮弹”的攻击，指出：“夺取全国胜利，这只是万里长征走完了第一步。”“中国的革命是伟大的，但革命以后的路更长，工作更伟大，更艰苦。这一点现在就必须向党内讲明白，务必使同志们继续地保持谦虚、谨慎、不骄、不躁的作风，务必使同志们继续地保持艰苦奋斗的作风。”

1949 年 3 月 23 日，中共中央和解放军总部离开西柏坡迁往北平（今北京）。25 日，进驻北平香山。10 月 1 日，毛泽东在北京天安门城楼上，庄严宣告中华人民共和国成立。

1947 年前

西柏坡的美丽传说

西柏坡村原貌

在西柏坡民间流传着一个美丽的传说。在很早以前，在太行东山脚下这个地方，人们遭受过一次战乱和病疫，哀鸿遍野，人烟断绝。唯有滹沱河的北岸，山腰当中长着两棵枝干高大的古柏，枝叶苍翠茂密，远远望去，郁郁葱葱，生机勃勃。不久，从洪洞县大槐树底下迁来一些庄户人，在这块地方安家过日子。他们把山腰当中那两棵柏树上结的柏棱壳儿摘下来，撒满了山坡。不久，满山都长起了小柏树，一年四季一片青翠。这种柏树长得很特别，木质坚硬如玉，花纹美丽，像百鸟飞翔。西柏坡村前的这块小平原，由于滹沱河河水成年累月地冲击和泥沙沉淀，变成了一片肥沃的庄田，盛产小麦和稻米。河边的池塘里，游来游去的尽是金色大鲤鱼。村子里，家家户户都是鸡鸭成群，牛羊满圈，生活十分富足。

这块河谷小平原本来就是一个盆地，四周都是山岭，唯有盆地的东侧有个二里宽的豁口，滹沱河即沿南山脚下，由豁口的南边流出盆地，流向渤海。据当地的老人讲，南山有一只羽毛很漂亮的石鸡，叫得特别好听。千余年来，人们就在石鸡的鸣叫声中繁衍生息。不知道什么时候，北山脚下来了一只金龟。南山石鸡“咯咯咯”叫一遍，金龟就“啪嚓嚓”往前迈几步，山坡也随着往南长出一截儿。金鸡不停地叫，金龟不停地爬，山坡也不停地往前长……眼看长出一里远，要再长一里，这个北山墙便像拦河横过来的一道大坝，跟南山接在一起，村庄就要变成泽国。忽然有一天，村里的老百姓发现石鸡叫的声音变了，变得有点恐怖，同时也发现北山一直在不断向南移，村庄随时都有被淹没的危险。人们开始恐慌了。

这个时候，村里来了一位白发白胡须、颇有仙风道骨的老人，他设计把南山的石鸡抓住，牢牢地拴在南山的山顶上，封住了嘴巴。从此，金龟不再向南移动了。现在，在西柏坡村前的龟岛就是那只金龟，它伸着长长的脖子，使劲向南，好像还在爬行。石鸡被抓住后，变成了一只石头鸡。据村里人讲，南山顶上还有一只石头鸡面向北方，日夜遥望泣鸣。

这个传说在民间流传了很久，已经无法推断它起源的年代，但它的确给“坡前一潭碧水，坡后万树葱茏”的村庄蒙上了一层神秘的色彩。

平山出了个“大共产党”

栗再温

栗再温，河北省平山县人。出身于农民家庭，自幼读书，1924 年考入北平大同中学。1925 年“五卅惨案”后，参加了李大钊领导的三次示威游行。1927 年加入中国共产党，成为平山县第一位中国共产党党员。抗日战争时期，他为冀西中共地方党的建设、农民武装斗争的开展和抗日根据地的创建做出了突出贡献。新中国成立后，栗再温曾任中华全国总工会书记处书记、山东省副省长。

1927 年 5 月，在北平求学的栗再温加入了中国共产党。之后，他在北平领导学生运动，又辗转天津、太原、大同等地，冒着生命危险从事党的地下斗争，曾任中共河北省委秘书长、山西特委书记等领导职务。1934 年年底，栗再温几经周折回到家乡平山县杜家庄南沟，投身于平山县党的建设、发展和革命斗争。从 1934 年到 1940 年，栗再温在冀西前后工作战斗了五年多时间，作为平山早期党组织的主要领导人之一，又是老百姓公认的“大共产党”，他居住的地方自然成为当时平山革命的重要聚集地和指挥中心。“南沟出了个栗再温”“南沟闹起了共产党”“南沟是共产党的一个子窝子”，这些当时在民间广为流传的话反映了人民的心声。后来在晋察冀革命斗争史上做出过重要贡献的李德仲、王昭、于光汉、徐达本、姜占春都曾先后来到过南沟，请他指导工作。在栗再温的带领下，仅有五六户人家三十余口人的南沟，成为敌人眼中的“赤色村庄”。从1935年至1943年，国民党反动派和日寇对这里恨之入骨，十几次奔袭抓捕，数次抄家抢劫，三次放火烧房，栗家始终坚强不屈。栗家是个革命的大家庭。其中，老奶奶崔秀荣身处险境，冒着生命危险和敌人斗智斗勇，掩护革命儿女；栗再温和妻子刘旭江在白色恐怖下结合，在太行山区，不论环境多么残酷，二人不离不弃，坚持革命斗争；栗再温的侄子栗政清于1933年入党，曾任中共平山县委委员、共青团平山县委第一任书记，1936年底牺牲于天津的日本监狱，年仅20岁；另一个侄子栗政通于1938年入党，参加“平山团”，解放战争时期，这位身经百战的营长在陕西扶眉战役中壮烈牺牲，年仅26岁……到1949年，栗家共有27人参军，15人入党。“满门忠烈，举家革命”，是这个大家庭永远的光荣和真实写照，而栗再温则是带领这个大家庭加入革命队伍的“带路人”。

栗再温回到平山后，把马列主义的先进理论输入给了初创时期的平山党组织，并确定了“发动群众、宣传群众、建立武装”的工作重点。在他的领导下，平山党组织的组成人员由以小知识分子为主转移到以贫苦农民和小手工业者为主，党组织活动的重点地区也由白色恐怖的东部平原转移到群众基础较好的西部山区。实践证明，这两个“转移”在平山党的历史上有非常重要的意义。1934年至1935年，在短短的一年时间内，平山党组织飞速发展，党的队伍不断扩大，凝聚力、战斗力不断增强。全县党支部发展到70多个，党员也由350人发展到700多人，有人说，这个数字占到了当时河北省党员总数的五分之一。也有人说，这个数字占了当时河北省党员总数的一半。这是一支了不起的力量，是我们党的宝贵财富，平山党组织为革命保存了实力，发展了队伍，积蓄了力量，做出了贡献。

在栗再温领导和指挥下，平山红军游击队在山区神出鬼没，常常出奇制胜，先后开展了木盘分粮、土岸“借钱”等斗争，鼓舞了穷苦百姓，震慑了反动分子。1935年12月，中共直西特委书记、游击队队长张惠森在石家庄叛变。张惠森此前赴天津向河北省委汇报工作，不久，栗再温接到了张惠森写来的一封信，要栗再温带领县委全体领导干部和游击队员到指定地点去接武器。栗再温看后从寄信的时间和只有石家庄邮局的邮戳断定张没有到天津，怀疑张已叛变，当即派交通员通知党员隐蔽，同时挑选几名精干游击队员按张信中约定的时间地点接头。果然不出所料，这天晚上，张带领国民党保安队和警察赶到接头地点。早有防备的游击队员探明情况后迅速撤离，使敌人扑了个空。

1936 年 3 月，根据中共河北省委的指示，为配合工农红军东渡黄河，栗再温领导游击队开展了“砸下口镇盐店”的武装暴动，牵制了阎锡山一个师的兵力，配合了红军东渡的战略行动。

抗日战争爆发后，身为中共冀西特委组织部部长的栗再温，直接领导了平山县的抗日救亡运动。1937 年秋，雁北失守，太原告急。王震带领一二〇师三五九旅到平山扩军时，栗再温领导中共冀西特委和平山县委全力以赴，仅用一个月零三天就动员 1000 余名青壮年参军，组建了著名的“平山团”（即七一八团）。当时全县 700 名党员，就有 200 多名党员带头参军。在这次扩军中，栗再温的三哥栗建周将自己的药铺卖掉，参加了八路军工作团。栗再温还把两个侄子栗政民、栗政通送去参加了平山团。平山团组建后，有些地方干部不愿意把平山团送给正规部队，栗再温从大局出发耐心地做思想工作，说服了这些同志并亲自把平山团送到山西省盂县上社八路军一二〇师驻地，编为三五九旅七一八团。这个团作战勇敢、战绩突出，受到聂荣臻司令员的嘉奖，称其为“太行山上铁的子弟兵”。“子弟兵”三个字就是随着聂荣臻对平山团的嘉勉和命名而家喻户晓，以至成了人民军队的代称。后来，平山团又因担任延安卫戍任务和南泥湾垦荒而举世闻名，参加南征北战和中原突围而威震华夏，被毛泽东誉为“王者之师”。另据平山党史研究记载：仅 1937 年 10 月到 1938 年春，平山青年参军到一二〇师、一一五师、徐海东旅、晋察冀军区等八路军主力部队的就有 7000 余名。这是中国抗日战争史上的一个奇迹。究其原因，以栗再温为代表的平山第一代共产党人，创建和发展的党组织发挥了重要作用。

太行山上铁的子弟兵

平山团在行军途中

在抗日烽烟中，曾活跃着一支来自太行深处的抗日队伍 —— 平山团，他们在血与火、生与死的战争洗礼中，以民族危亡为己任，英勇善战，作风顽强，威震敌胆。这支英雄的部队曾被聂荣臻司令员赞誉为“太行山上铁的子弟兵”。

1937 年 9 月，八路军一二〇师三五九旅旅长王震抽调 40 余名干部组成救亡工作团，派七一七团的第十连担负掩护任务，共 300 多名指战员，由刘道生、陈宗尧等五位同志率领，东进河北省平山县扩充兵员，并建立以平山为中心的抗日根据地。为此，中共冀西特委和平山县委特意抽调了一批共产党员，与八路军干部战士一起组成十余个工作团，分赴平山县各村镇进行抗日救国的宣传和扩军工作。

各工作团工作开展得十分顺利。他们配合平山地方党组织，采取自上而下、大刀阔斧的工作方式，下乡召开群众大会和各种类型的座谈会，广泛宣传党的抗日救国主张和各项政策。一时间平山的村村寨寨都沉浸在抗日激情中。

为号召共产党员积极参加抗日救亡工作，中共冀西特委和平山县委在工作团的领导下，召开了多次党员会议，举办了农民干部训练班。散布在全县100多个村庄的700多名共产党员、400多名穷人会员，很快动员起来了，到处呈现出“父送子，妻送郎，兄弟竞相上战场”的感人场面。

11月6日，整装待发的平山子弟告别故土家园，告别父老乡亲，踏上漫漫抗日征程。面对生死未卜的战场，平山子弟慷慨从军，父老乡亲十里相送……全县的集镇万人空巷，数万名群众聚集在大街上，为自己的子弟兵送行，依依惜别。老父母叮嘱儿子，妻子送丈夫：“不要惦记家里，到战场上多杀几个小日本，为家乡争光，为亲人报仇!”

1938年1月，平山子弟开赴山西崞县进行整编，正式编为三五九旅七一八团，整团战士全部由平山青年组成，被人们亲切地称为“平山团”。

平山团不负乡亲们的众望，自组建之日起，就苦练杀敌本领，在晋察冀军区司令员兼政委聂荣臻，一二〇师师长贺龙、政委关向应和三五九旅旅长王震的领导下，迅速成长起来。

1938年1月，平山团在山西崞县整训刚刚结束，日军一个中队由原平县乘车开往崞县。平山团二营在田家庄设伏，前后夹击，战斗异常激烈。刚刚参军的战士和训练有素的日军还是第一次交锋，但战士们毫不畏惧，利用有利地形狠狠打击日军。子弹打光了，战士们跃出掩体扑向敌人，与敌军展开了面对面的拼杀。此次战斗，平山子弟兵拼死抗敌，全歼日军中队150人，缴获重机枪4挺、轻机枪3挺、长枪120支、短枪12支等一大批战利品。这是平山团组建以来的第一仗，首战告捷。

1938年5月，平山团开赴晋察冀边区，开辟新的抗日根据地。6月，

山团第一任团长陈宗尧（中）带领平山团驰骋抗日疆场，屡建奇功

平山团与兄弟部队攻克一个日军据点，在山西大同歼灭日伪军300余人，并袭击了平绥铁路上一个日军驻守的火车站。9月，日军集中重兵进攻晋察冀抗日根据地五台山区，平山团在灵丘与日军激战数日，击毙800余人。10月，平山团与兄弟部队协同作战，歼灭日军北线指挥官、第二混成旅少将旅团长以下500余人，缴获大炮1门、轻重机枪7挺、步枪百余支。

尤为值得称道的是上下细腰涧歼灭战。1939年5月上旬，七一七团在五台山遭到日军1000余人围攻。平山团奉命全部出动，向神堂堡地区驰援。平山团由南向北猛追敌人，迫使敌人取路上下细腰涧向北撤，我七一七团见势返回头来截击。这样，平山团与七一七团在土楼子一带对敌形成南北夹击之势。平山团与兄弟部队通力合作，将布下的“口袋”紧紧封死，不使敌人一兵一卒漏网。敌人发现进入“口袋”以后，组织力量想撕开突破口逃跑，平山团战士用密集的火力压制敌人，敌人用迫击炮向我军阵地狂轰，阵地上子弹呼啸声、炮弹爆炸声响成一片。一些敌人接近了我阵地前沿，战士们喊杀着冲出战壕与敌展开了白刃战。战士王家川与敌拼刺刀拼红了眼，他一连刺死8个日军，最后与敌同归于尽……此次战役激战五昼夜，歼敌千余人，俘敌十余名，收容敌伤兵五十余名，缴获九二式步兵炮2门、迫击炮3门、重机枪6挺、步枪451支、战马百匹。这就是著名的上下细腰涧歼灭战。这一战斗，全歼被围之敌，创造了三五九旅对日作战以来的光辉范例。平山团的辉煌胜利，鼓舞了全军将士。平山团在战场上的一个个捷报传到了晋察冀军区司令部，聂荣臻司令员亲自挥毫书写嘉勉令。5月20日通令嘉奖平山团，授予平山团为“太行山上铁的子弟兵”光荣称号。平山人民欢欣鼓舞，又掀起一次新的扩军运动高潮。到6月份又有600多名青年参军，组成“平山营”，任命王一清同志为营长，补充了平山团。

1939年2月1日，彭真、黄敬、关向应、王震、聂荣臻在平山蛟潭庄

为了粉碎国民党的反共阴谋，保卫陕甘宁边区的抗日河防，1939年10月，三五九旅奉命西渡黄河，开赴绥德警备区，负责警卫陕西吴堡至葭县一段黄河沿岸河防。旅部进驻绥德城，平山团驻防米脂县。

国民党在加强军事进攻的同时，与日寇配合对陕甘宁边区实行经济封锁。毛泽东发出“自己动手，生产自给”的号召。从1940年开始，三五九旅开展大生产运动。“开展大生产，三五九旅是模范”，而平山团是模范中的模范。

1944年5月，三五九旅奉命组成南征兵团，编为国民革命军第十八集团军独立第一游击支队，简称“南下支队”，随王震将军南征，转战陕、晋、豫、鄂、湘、赣、粤等省，行程一万余里，浴血奋战74次，立下了赫

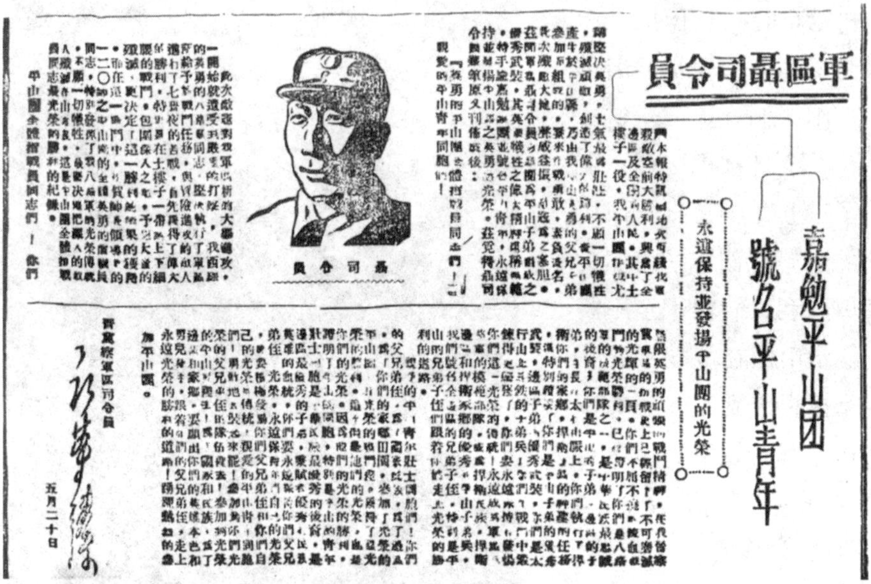

軍區聶司令員

嘉勉平山团

號召平山青年

永遠保持並發揚平山團的光榮

聶司令員

晉察冀軍區司令員 聶榮臻

五月二十日

1939 年 5 月 28 日，《抗敌报》发表聂荣臻司令员嘉勉平山团的报道

1944 年，毛泽东、朱德、刘少奇等在王震的陪同下检阅三五九旅即将南下的队伍

赫战功。1947 年，参加了保卫党中央、保卫延安的战斗。1948 年，改编为中国人民解放军第二军第五师第十四团，后进驻新疆阿克苏，为边疆建设做出了贡献。

俺叫王家川

“驱逐日寇出平山”——1942 年 2 月平山县八区入伍大会现场

1939 年 5 月上旬，侵华日军进犯晋察冀边区西线时，将三五九旅七一七团围困于五台神堂堡，平山团奉命支援解救。战斗从 5 月 11 日打响，直打到 15 日午后，歼敌千余人，在五天激战中，有时是枪炮战，有时是拼刺刀肉搏战。平山团将士如猛虎下山，杀得日军尸横遍野。在这次战斗中，战士王家川尤为出色。他，中等个儿，四方脸，浓眉大眼，具有平山山区人老实憨厚的气质。参加平山团后，通过学习、训练，王家川进步很快，对日本侵略者万分痛恨。土楼子战斗的第一天，他用步枪打死了两个敌人。第二天，他向冲上来的敌军投掷一颗手榴弹，又炸死三个敌人。他的左胳膊被子弹打穿了一个洞，简单包扎了一下，不下火线，第三天继续投入战斗。两天战斗，敌人死伤近半。敌人企图冲开一个缺口逃跑，选择的缺口正是王家川所在连坚守的高地。敌人一次次轮番冲击，但是又一次次被击退。有几次敌众我寡，敌人冲进阵地，硬是被我军战士用刺刀赶了出去。在一次拼刺刀时，王家川被两个日本兵夹击，他面对白晃晃的刺刀，面不改色，心不跳，沉着机智周旋。他施展出在家学到的武术中的刀、枪、剑、戟的招数对付敌人。他端着刺刀呼喊着，发出震耳欲聋的“呀！呀！”声音，猛地向前边的日军刺去，令日军一步一后退。此时，王家川身后的日军端着刺刀从背后刺来。在这千钧一发之际，王家川早有防备，在前面敌人后退之时，他端着刺刀闪电般返向后，把后面敌人刺来的刺刀向右拨，“呀！”的一声刺进敌人胸膛。当他拔出刺刀准备对付前面的敌人时，敌人的刺刀一下刺入了他的臂部。当敌人拔出刺刀向王家川背部猛刺之时，他回过身来向旁闪，一个箭步冲上去把敌人的刺刀拨到一边，猛刺敌人心脏处，结果了敌人的性命。他一扭头，看到还有两个敌人在围攻平山团的一个战士。此时，负伤的王家川怒目圆睁，端着带血的刺刀呼喊着冲向敌人，一下便把敌人的注意力吸引过来，给那个战士解了围。敌人端着刺刀来对付两处受伤的王家川。这时，王家川身上流出的鲜血染红了一条裤腿，他不顾这些，仍然和敌人肉搏厮杀。由于流血过多，他感到头晕目眩，但还是咬紧牙关和敌人对峙着。他主动出击，在他一刀刺进敌人胸腔时，敌人的刺刀也同时刺进他的小腹，他与敌人一同倒下。在这次战斗中，英勇的王家川用一条命换了敌人的八条命。

王家川牺牲后的第九天，平山团政治部办公室进来一位风尘仆仆的青年人，政治部同志问道：“同志，你什么事？”

青年说：“顶替王家川的缺额当兵的。”

“你叫什么名字？什么地方人？”

“平山人，俺叫王家川！”王家川三个字说得一字一板，铿锵有力。

接待的同志一听这青年也叫王家川，就上下打量他，他的个头、身段、脸庞都很像刚牺牲的战斗英雄王家川，因此分析他可能与王家川是双胞胎，于是试探地问：“你是王家川的兄弟吧？”

“是！”

“你来当兵打日军我们很欢迎。可是你的名字保准不叫王家川，你也不能再叫王家川。你说你的真名吧。”

青年带气地质问：“俺为什么不能再叫王家川？俺没有别的名字。”

“王家川上了烈士册，还发了抚恤金，你再叫王家川，不就乱套了吗？”

青年着急地带着哭音大声嚷道：“不行，就是不行！不仅俺叫王家川，俺与敌人打仗牺牲了，家里还有一个16岁的弟弟，他也叫王家川，俺村还有上百青年，他们都叫王家川！战死一个王家川，又站出一个王家川，王家川是牺牲不完的！”

青年强硬的话语，不仅没有引起政治部同志的反感，反而使他们激动得热泪盈眶，他们紧紧地握住青年的手说：“好兄弟，你真好，你不愧是英雄的兄弟，我马上向团领导请示，尽量满足你的要求。”

青年刚毅的脸上露出了笑容。

王家川兄弟三个，这个青年是他的二弟，名叫王三子，20岁，是村青年抗日先锋队（简称青抗先）队员，他听到哥哥牺牲的消息后，对日本侵略军恨得咬牙切齿，暗地下决心到平山团当兵，像哥哥那样英勇杀敌，把侵略者赶出国门，便急匆匆跑回家，向爹说了自己的打算。他爹悲痛地说：“你哥刚牺牲，你在家干活扛大梁，你走后，家里农活受连累是小事，万一你……”他爹哽咽着说不出话来。三子见爹一时想不通，又那么悲痛，不再说下去，待缓几天再说。当天晚上他爹失眠了，一直趴在枕头上吸烟，大早起来把三子叫到眼前说：“俺想通啦，国家不安宁，我们也别想过好日子，日本鬼子这么猖狂，好男儿谁不去抗日！你是爹娘的儿子，哪个青年不是爹娘生养的，在国破家亡的紧要关头，就得为国出力，常言说‘国难出忠臣’，咱一家都当忠臣，三子你去吧！”

在村青抗先欢送会上，三子激动地说：“俺三子今天到平山团打日寇去了，大家伙都应该参加平山团，咱平山人要多多为国家出力。”伙伴们异口同声地说：“对，你和家川是英雄好汉，俺们也不是稀泥软蛋，万众一心，一定把日本鬼子打回去！”

王三子带好通行证、介绍信和干粮，只身踏上了征程。王三子的家，距平山团驻地400多里，要爬十数座山，跋涉十数道河。为了赶路，他饿了，边走边啃硬干粮，渴了，趴下咕咚咕咚喝河水，晚上就在麦场上往麦秸堆里一钻。他没走过长路，第一天就走了100多里崎岖不平的羊肠路，脚后跟磨破了，脚底板上磨起了泡，他用针刺破放出水，坚持着一拐一瘸地赶路。虽然每走一步都剜心般地疼，但是他咬着牙前进，就这样一天仍走百十来里。初次出远门的王三子坚定而又艰难地向平山团驻地行进着。

三五九旅七一八团团长陈宗尧（右）、政治部主任袁任远（中）、参谋长郭鹏（左）

子弟兵的母亲戎冠秀

抗日战争时期，戎冠秀（中）带领妇女做军鞋支援前线

享誉全国的“子弟兵的母亲”戎冠秀是河北省平山县下盘松村人，她是全国拥军爱民的一面旗帜，是中华民族优秀的妇女代表，代表了千千万万抗敌战士母亲的形象。

戎冠秀原是平山县胡塔沟村人，生于1896年9月29日，小名柔妮，出生在一个贫苦的农民家庭，从小就给地主家里当用人，受尽了地主老财的欺负和压榨。共产党八路军来了，才把她救出了火坑。从此，她认准了一个理：共产党是为咱穷人打天下的，跟着共产党走，到死不回头。1938年，她光荣地加入中国共产党，成为村妇救会主任。她满腔热情地带领全村妇女做军衣、做军鞋、交公粮，照顾伤病员，努力做好拥军支前的后方工作。她爱兵如子，以一位母亲的情怀温暖着每一位革命军人的心。

1941 年秋，在边区军民反“扫荡”斗争中，她带领本村妇救会成员日夜忙碌着慰问军队，抢救伤员，当日军进村“扫荡”时，她又组织群众和伤病员安全转移。11 月，村里来了一个浑身是伤、濒临死亡的伤员，她不顾自己两天两夜没合眼，急忙给伤员擦拭干净，又撬开伤员的嘴一口一口地喂水喂饭。看到伤员的脚冻得青紫，就把它揣进自己怀里暖热。伤员醒来后，感激地喊她“娘”。

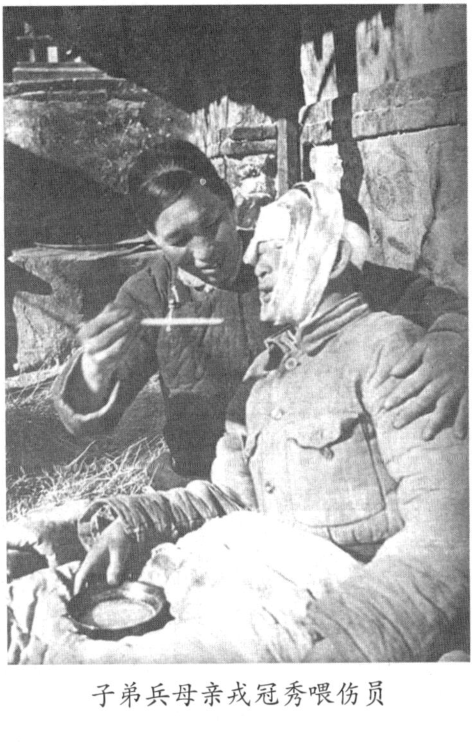

子弟兵母亲戎冠秀喂伤员

1943 年秋，日寇 7 万余人对根据地实行“大扫荡”。我军撤出后，四分区五团的战斗英雄邓世军因负重伤和部队失去了联系，日本鬼子开始了漫山遍野的大搜查。这时，正带领乡亲们转移的戎冠秀发现了邓世军，她快步跑上前去，着急地说：“快！孩子，跟我来！”戎冠秀搀扶着邓世军，向附近半山腰的一个山洞爬去。可是洞口距地面有七八尺高，邓世军又身负重伤，怎么也爬不上去。此时，已隐隐约约听到鬼子搜山的声音了，情况万分危急。戎冠秀也不知从哪来的那么大劲儿，蹲下身子，让邓世军踩在自己的肩上，把他托起来顶进了山洞。这是一个隐蔽很好的山洞，搜山的鬼子始终没有发现这个洞口。由于邓世军伤势太重，当时又缺医少药，戎冠秀只能用清水一点点地给他清洗伤口。邓世军疼痛地抽搐一下，戎冠秀的心就像针扎一样疼一下。当时老百姓生活也非常困难，由于邓世军伤势严重，难以吞咽，戎冠秀就把家里仅有的一点玉米面做成窝窝头用嘴嚼烂，口对口地喂他。天气冷了，看到伤员的脚还光着，她立即撕开女儿的棉袄，把邓世军负伤的双脚用棉花紧紧地裹起来。在戎冠秀的精心照料下，邓世军终于被从死亡线上抢救回来了。他重返前线后，和鬼子作战更加勇敢。

1944 年，在晋察冀边区召开的第一届群英大会上，聂荣臻司令员代表全体子弟兵亲手将一面绣有“子弟兵的母亲”的大红锦旗授予了戎冠秀。散会后，军区直属部队的子弟兵全副武装，向戎冠秀行着庄严的军礼列队相送。从此，戎冠秀的名字传遍了边区，传遍了全国，鼓舞了广大军民抗日的信心和士气。

1944 年 2 月，晋察冀边区第一届群英会后，军区政治部主任朱良才等欢送“子弟兵的母亲”戎冠秀

解放战争开始后，戎冠秀更忙了。她走街串巷，动员乡亲们交公粮、做军鞋，参加解放军，并带头送自己的小儿子参军。在扩军大会上，戎冠秀大声地说：“俺有两个儿子，验上哪个就让哪个去，都验上都去。要是不嫌俺老伴老，让他给咱部队喂马去。”英雄母亲的话语和行动激起了参

军的热潮。在以后的日子里，她又先后送三个孙子参加了人民解放军。后来，当她的小儿子在朝鲜战场上牺牲的噩耗传来时，戎冠秀哭了，孩子是娘的心头肉啊，但她却坚定地对部队领导说："孩子是我生的，但他是党培养的，干革命哪能不死人，他为保家卫国而死，值得!"

戎冠秀一生受到毛泽东13次接见，还光荣地出席了第一届政治协商会议，参加了开国大典。1989年8月12日，为革命奋斗了一生的戎冠秀离开了我们。这位英雄的母亲把自己全部的心血和爱都奉献给了人民的子弟兵和中国人民的解放事业，她无愧于"子弟兵的母亲"这一光荣称号。

为掩护战友失足坠崖牺牲的杨展

杨　展

杨展，杨开慧烈士的侄女，杨开慧胞兄杨开智唯一的女儿。母亲是李崇英（李一纯）。

1920 年 10 月，杨展出生在湖南省长沙市长沙县清泰乡板仓杨寓（现湖南省长沙市长沙县开慧镇板仓）。她 10 岁那年，她的姑妈杨开慧就被国民党反动派杀害，陈尸浏阳门外识字岭。杨展当时非常愤怒，说："我去把姑妈背回来，我要为姑妈报仇！"姑妈的壮烈牺牲，在杨展幼小的心灵里播下了革命的火种。杨展的母亲李崇英在一片白色恐怖之下，冒着杀身之祸，遵照中共地下组织的指示，将杨展的三个表弟毛岸英、毛岸青、毛岸龙送到上海，交给他们的叔父毛泽民，才使他们未被国民党杀害。

1939 年，杨展从陕北公学栒邑分校高级班结业。这时，中共中央号召延安的青年学生"到敌人后方去"，决定将陕北公学、延安工人学校、鲁迅艺术学院等几个单位合并，成立华北联合大学（简称华北联大），会同在延安的抗日军政大学（简称抗大），由抗大副校长罗瑞卿、陕北公学校长成仿吾率领，组成向敌后挺进的革命大军。出发前，毛泽东在延安他的窑洞里接见成仿吾校长时，同时也接见了杨展。毛泽东让杨展坐在他的身边，拉着她的手，问长问短，给了她谆谆教诲和莫大的鼓励。

在向敌后的大进军中，杨展经受了日夜兼程、跋山涉水的磨炼。渡过黄河以后，队伍在晋绥边区进行了短暂的休整。接着，便以一夜100多里的急行军冲过日军的封锁线——同蒲路。一路行军中，杨展总是斗志昂扬，热情主动地做宣传鼓动工作，积极打前站，每到宿营地又总是帮助炊事班烧水做饭，忙碌不停，处处表现出不怕苦、不怕累的革命精神和高度的组织纪律性。经过数十天长途跋涉，冲破了敌人重重封锁线，这支革命的文化大军终于在深秋时节胜利地抵达晋察冀抗日根据地。

华北联大到达晋察冀根据地后，杨展先后在联大政治部组织科和教育科工作，并担任直属队党总支委员。1940年和1941年的“三八节”，杨展连续两次当选为模范妇女；1941年被评为学习模范，并被选为华北联大第二届党员代表大会的代表，出席了大会。

1941年秋，日军对晋察冀边区发动了极为野蛮残酷的“铁壁合围”大“扫荡”，边区军民在党的领导下开展了英勇的反“扫荡”斗争。联大校部转移到平山、灵寿北部大山区进行隐蔽。一天，一股日军秘密插进联大校部部分机关的隐蔽地——滚龙沟西坡。当负责警卫的连队发觉时，敌人已逼近滚龙沟西坡了。在紧急转移中，山高路陡，杨展为掩护身体病弱的同志快速地撤离危险境地而不幸失足坠崖。当队长和通信员摸到崖底找到她时，只见她满脸血污，昏迷不醒。队长将水壶里的水喂给她喝时，她好不容易睁开眼睛断断续续地说：“队长，你不要管我，去带领大队同志吧！”“我不行了，不能和同志们一起转移了，我死了，请你把情况告诉党和同志们。待抗战胜利了，请转告我的父母。”

敌人撤走后，同志们和当地群众把她掩埋在她牺牲的地方。

1949年8月5日，杨展的家乡湖南长沙和平解放。8月10日，毛泽东发来电报，告诉杨开智、李崇英夫妇：“展儿于八年前在华北抗日战争中为国光荣牺牲。她是百万牺牲者之一，请你们不必悲痛。”毛泽东的电报中所说的话，深刻地表现了伟大领袖对为革命而光荣牺牲的中华优秀儿女的哀思，给予他们崇高荣誉。

位于河北省石家庄市平山县宅北乡主投沟村的杨展烈士纪念碑

1977 年 11 月 14 日，时任中共中央党校顾问、原陕北公学老校长的成仿吾在北京会见杨开智时，诚挚地对他慰勉道：“你杨家既有杨开慧，又有杨展，有这样的两位同志，真是光荣的革命家庭。”

新中国成立后，湖南曾三次来人寻找杨展烈士的遗体，因始终不能分辨究竟哪具是杨展的遗体，只好作罢。因此，杨展这位年轻、美丽的女战士就永远长眠在了太行山脚下。2000 年，主投沟村村委会和村民重修了杨展烈士墓。

父母教儿打东洋，妻子送郎上战场

刘汉兴参军

1942 年，晋察冀边区的画报上，刊登了一张“父母教儿打东洋，妻子送郎上战场”的照片。照片中的男主人公即将参加区里的入伍大会，他的胸前戴着一朵大红花，他的父母、妻子、弟弟在家门口为他送行。照片中的男主人公名叫刘汉兴。这张照片一经刊出，即在晋察冀边区引起了巨大反响，众多百姓纷纷效仿刘汉兴一家人，送丈夫、兄弟、子侄参军抗日，掀起了参军拥军的热潮。这张照片记录了当年根据地人民支援抗战、踊跃参军的真实情景，同时也记录了平山县南庄村刘汉兴一生中最光荣的时刻。

1942 年 1 月是世界法西斯势力最猖獗的时期，也是我国抗日战争最艰难的时期。为了克服困难，坚持抗战，争取胜利，晋察冀边区人民积极响应党的号召，踊跃参军，支援抗战上前线。21 岁的刘汉兴在当村长的哥哥、共产党员刘载兴的影响下报名参军，带动了村里 20 多名青年入伍，他所在的东黄泥区有 100 多名青年入伍。

刘汉兴临去区里参加入伍大会前，他的父母、新婚妻子王金莲和四弟在自家门前为他送行。这一场景被《晋察冀画报》的记者沙飞拍摄下来。照片上，刘汉兴向父母亲表示多杀敌、多立功的决心，思想进步的母亲脸上露出满意的笑容；妻子王金莲积极支持丈夫参军，显得既高兴，又有些恋恋不舍；四弟刘法兴举着的小旗上面“我们响应聂司令员的号召”的字迹依稀可见。随后，沙飞又跟随刘汉兴拍下了他骑着骡子从南庄到区里开会、与妻子一起在东黄泥区入伍大会会场、与其他入伍青年背枪等一组照片，以《父母教儿打东洋，妻子送郎上战场》为题刊登在了《晋察冀画报》上。

刘汉兴参军后被分配在晋察冀军区第四军分区第五团炮兵连当炮手。在一次反围剿灵寿城的战斗中，他本可以随炮车一起转移，但他听说驻地伙房里还有一些面粉时，就主动要求回去取面粉。当他冒着枪林弹雨用骡子驮回大伙儿的救命粮时，不幸被敌人的子弹打穿了右腿股骨内侧。因为当时医疗条件差，刘汉兴在部队后方医院治疗了一年多也未能痊愈。因此当部队转移时，他只能留下来继续养伤。伤好后行动仍有障碍，被评为三等甲级伤残。从此刘汉兴再也没有回到部队。

虽然不能行军打仗，但是刘汉兴时刻记着自己是一名战士，是一名共产党员。在回到家乡的日子里，刘汉兴和妻子王金莲积极参加劳动，为部队提供后勤给养。他经常连夜组织人们做军鞋、军装，筹备粮食。他还屡次对兄弟侄子们说：“我残废了，不能随军打仗，你们去吧！”在他的动员下，他的三弟、四弟和侄子都参加了八路军和解放军。

在此后的岁月里，刘汉兴一家就如同一个普通农村家庭一样平静地生活着，丝毫看不出有什么特殊的地方。曾经有很多慕名而来的人在南庄村打听刘汉兴的情况，刘汉兴说："我的许多战友都牺牲了，有的连姓名都没有留下，我这点事，没什么了不起。"刘汉兴经常教育子女，不能因为自己过去有功而向组织提任何要求，要靠自己的能力来生活。

晚年的刘汉兴因为瘫痪而丧失了劳动和生活自理能力，但是每当人们看望他，问他有什么要求时，他总是努力摆着手，使劲地摇头表示没有。

2001 年，80 岁的刘汉兴因病去世。他把一生都献给了党，却从未向组织上提过任何要求。以他参军为内容的那组《父母教儿打东洋，妻子送郎上战场》的照片作为珍贵的历史资料，已成为中国人民抵御外侮的红色经典照片。

歌曲《没有共产党就没有新中国》诞生了

音乐家曹火星

《没有共产党就没有新中国》这首歌激动人心，鼓舞斗志，它唱出了全国人民对中国共产党的衷心爱戴和高度赞誉。这首传唱了半个多世纪的红色歌曲，是由著名作曲家曹火星创作完成的。

曹火星是河北省平山县岗南镇西岗南村人，1924 年出生，在中学读书时经历了“七七事变”。当日本帝国主义发动全面侵华战争后，他不得不辍学回到家乡。抗日战争时期，根据地军民在中国共产党的领导下，一次又一次地粉碎了敌人的进攻，把老百姓从水深火热中解放出来。曹火星目睹了这一切，他深深体会到，只有依靠共产党才能打败日本强盗，共产党是中国人民的大救星。1938 年 2 月，曹火星参加了平山县农民抗日救国会，走上了革命道路，同年调平山县抗日救国青年联合会宣传队（即铁血剧社）任音乐队队长。1943 年，铁血剧社由晋察冀边区抗日联合会领导，随之更名为群众剧社。同年 4 月，曹火星同志光荣地加入了中国共产党。

抗日战争到了相持阶段，蒋介石及其国民党政府消极抗日，积极反共，国民党的副总裁汪精卫投降了日本，在南京成立了日伪政权，国民党许多高官也跟了去。蒋介石表面上讲抗日，实际上躲在大后方，按兵不动，坐山观虎斗，看着日本人和共产党领导的人民军队在前线厮杀，自己想坐收渔翁之利。不仅如此，他还发动了三次反共高潮，客观上配合了日军对解放区进行的扫荡。

1943 年，蒋介石出版了《中国之命运》一书，其中写道：“没有国民党就没有中国。”面对蒋介石的谬论，曹火星义愤填膺，思绪像潮水般在脑海中涌现，一个鲜明的主题，在他脑海中产生。他怀着对共产党的无比热爱和国恨家仇，蘸着血和泪，用“没有共产党就没有中国”这句极具凝聚力和号召力的口号作为歌名，从肺腑中发出了时代的最强音，一挥而就，创作了《没有共产党就没有中国》这首歌。

没有共产党就没有新中国

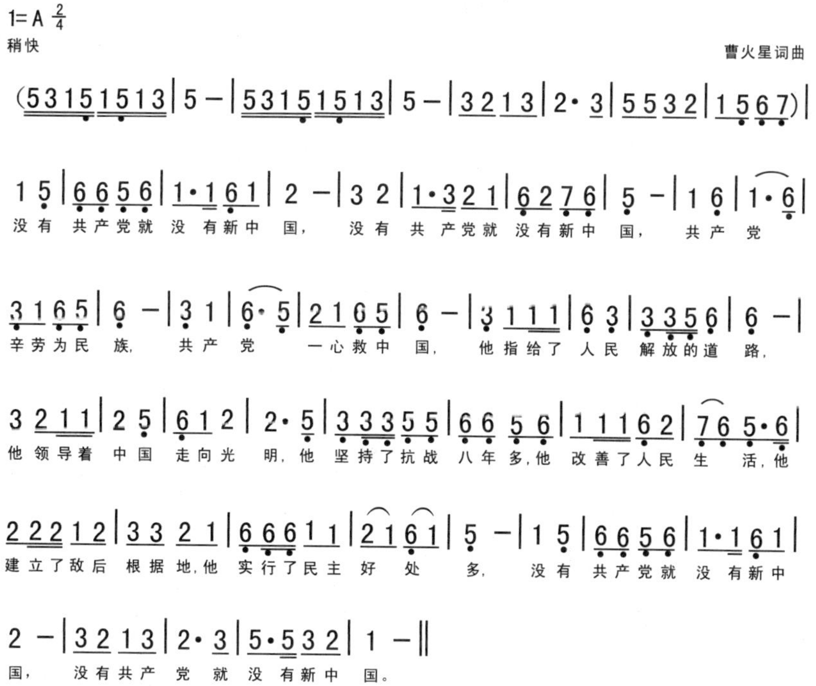

这首歌先在晋察冀解放区流传开来，随后，各个抗日根据地都唱了起来，深受广大军民的喜爱。1943 年创作这首歌的时候，歌词中有一句“坚

持抗战六年多”，1944 年大家唱这首歌时，群众自动改成了“坚持抗战七年多”，1945 年又改成了“坚持抗战八年多”。

1948 年，毛泽东来到平山县西柏坡村，听到女儿李讷和其他孩子们唱这首歌，他认为“没有共产党就没有中国”的说法不准确、不科学、不符合客观实际，立即纠正说，没有共产党的时候，中国早就有了，应在中国前面加一个“新”字，改为“没有共产党就没有新中国”。增加了一个“新”字，使歌词更符合实际，流传范围越来越广，至今仍脍炙人口。

这首饱含着人民群众抗战激情的歌，真实地反映了时代的心声。中国共产党领导中国人民唱着这首歌，打败了日本侵略者，推翻了蒋介石的反动政权，迎来了社会主义的新中国。

歌唱二小放牛郎

歌唱二小放牛郎

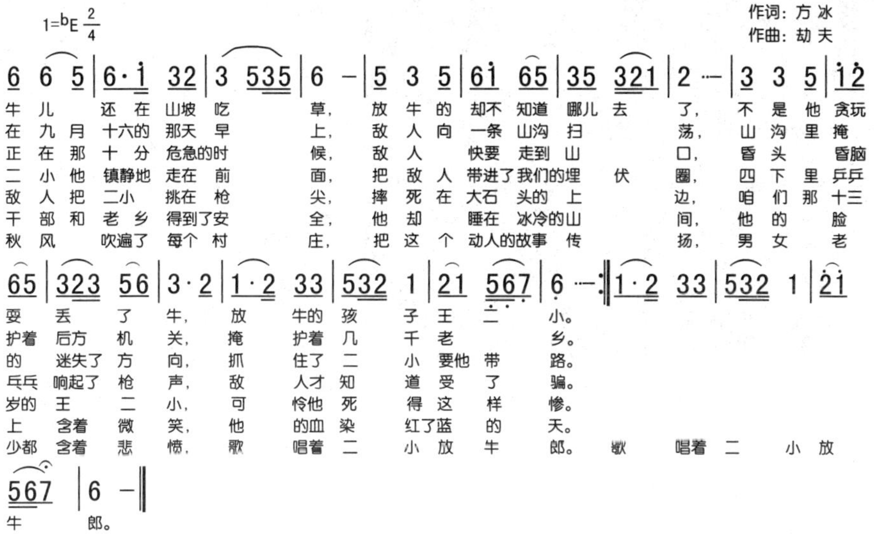

“牛儿还在山坡吃草，放牛的却不知道哪儿去了，不是他贪玩耍丢了牛，放牛的孩子王二小……”这是当年流传在革命老区平山县的一首歌曲。

主人公王二小的原型是平山县南滚龙沟人，本名叫阎富华。他在家中排行老二，所以村里人都喊他二小。二小因家里穷，上不起学，12 岁时就给本村地主家放牛。二小是个肯吃苦而又乐于助人的孩子，自己家虽然不富裕，但他喜欢帮助别人，经常把自己的糠面饼子给没爹没娘的史林山吃。没有糠面饼子时，他就送一些黑枣、柿干给史林山充饥。后来两个人成为最好的朋友，一起给地主家放牛。

二小雕像

1941 年秋天，日本侵略军对晋察冀边区发动了残酷的“大扫荡”，乡亲们生活在水深火热之中。二小亲眼看到了日本鬼子的种种暴行，他幼小的心里埋下了仇恨的种子。他加入了儿童团，因为聪明能干，不久就当了儿童团的团长。1941 年秋天，日本鬼子来到宅北乡，进行疯狂的“大扫荡”，妄图找到八路军和粮食。此时，二小和史林山正在山上放牛。

“林山，不好！鬼子来了！”二小忽然发现了敌情。

“在哪里？”史林山紧张地问。

“看，就在山岭那边，离这儿很近。”二小说道。

“那怎么办？快跑吧！”史林山惊慌地说。

“不行，你快去报信。我盯住鬼子！”二小说。

“二小，那太危险了，咱一块跑吧！”史林山着急地说。

“不行，这是命令，你快去报信，别管我！”二小坚定地说道。

史林山没办法，只好撒腿向隐蔽在本村的报社和印刷厂跑去报信。可二小却被鬼子发现了，五个鬼子端着刺刀随即将他包围起来。

“巴格！小孩，你的知道？八路粮食的有？”一个鬼子用刺刀逼着二小，恶狠狠地问道。二小暗暗想道：“乡亲们和报社的叔叔们就藏在铧子尖前边，要是让鬼子发现了可就坏了。怎么办?”他焦急万分，头上渗出一层细密的汗珠儿。“不说，死啦死啦的!”两个鬼子用刺刀架在二小脖子上。二小故作害怕地缩着脖子说：“好吧，俺领你们去找八路军。”他心里恨恨地想：“小鬼子，俺知道八路军叔叔的埋伏圈，把你们带到那儿，让八路军叔叔狠狠地揍你们!”

为拖延时间，从上午9点到下午3点多，二小一直领着鬼子在大山沟里瞎转悠。鬼子一个个累得上气不接下气，就用枪托打二小，鬼子一打，二小就故意大声喊叫，目的是让八路军听见，提前做好战斗准备。下午4点左右，太阳快要落山时，二小领着鬼子来到了八路军的埋伏圈。二小心想：“八路军叔叔，你们在哪里？看到俺了吗？俺把鬼子们领来了，快打呀!”可仍不见动静，因为八路军从史林山那儿知道二小在他们手里，故而不敢轻举妄动。

正在这关键时刻，只见二小停下不走了，他想：“八路军叔叔肯定是见俺和鬼子在一起，怕伤着俺。不行！俺今天就是死，也要让八路军叔叔狠狠揍这些狗日的日本鬼子!”

“巴格！小孩，为什么不走了！你的良心大大的坏啦。死啦死啦的有！你说，八路在哪里?”鬼子队长来到二小跟前凶狠地揪住他的衣领。“狗日的小日本儿！你才死啦死啦的!”二小大声高叫着，一把抱住鬼子队长向悬崖

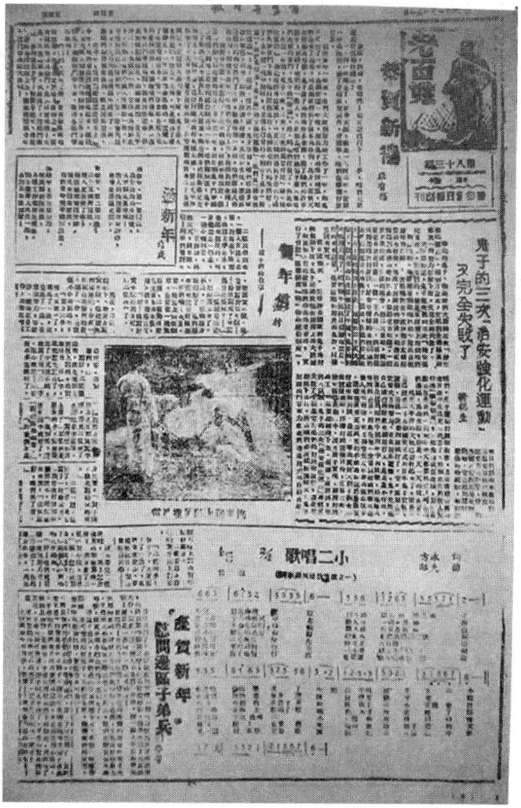

鬼子的三次“治安強化運動”又完全失敗了

歌唱二小

慶賀新年

慰問邊區子弟兵

1942年1月1日《晋察冀日报》刊登歌曲《歌唱二小》

边滚去，想同鬼子队长同归于尽。鬼子兵见状纷纷扑来，急忙救鬼子队长。这时，一个鬼子用刺刀突然从身后刺进二小的胸膛，并用力将他举在半空。二小在半空疼得双手乱抓，腿脚乱蹬，大声喊道："八路军叔叔，开枪啊！开枪啊!"

"巴格!"鬼子用力一甩，二小惨叫一声坠入了悬崖。看到这悲惨的一幕，八路军战士们流下了悲愤的泪水。

"打!"首长大喝一声。山顶上顿时响起密集的枪声，愤怒的子弹呼啸着扑向山下的日本鬼子。鬼子们哭爹喊娘，一个个倒地身亡。战斗很快胜利结束了，一千多名乡亲和晋察冀日报社、印刷厂得到了掩护，可我们的小英雄二小却壮烈牺牲了。后来，西北战地服务团诗人方冰和作曲家劫夫根据他的英雄事迹共同创作了《歌唱二小放牛郎》这首歌。很快，抗日英雄二小的感人事迹和这首歌就传遍了祖国的大江南北。

白求恩在晋察冀

1938 年 5 月，加拿大共产党员白求恩大夫（左）率领援华医疗队来到晋察冀抗日根据地。图为晋察冀军区司令员聂荣臻（中）与白求恩大夫在一起

诺尔曼·白求恩，著名的国际共产主义战士，1890 年出生于加拿大安大略省一个富有的牧师家庭。他从小就希望天下所有的穷苦人都能过上幸福安宁的日子。后来，他成为著名的外科医生，经常用自己精湛的医术给身无分文的穷人治病。

1937 年，他看到了埃德加·斯诺写的《西行漫记》，中国全民抗战的消息鼓舞了他。1938 年 1 月，白求恩放弃了国内待遇优厚的工作和优越舒适的生活环境，向美国共产党申请了 5000 美元资金，购买了一批珍贵的医疗器具，不远万里来到中国，赶赴晋察冀抗日前线，支援中国的抗日战争。

白求恩来到晋察冀边区后，受到军区司令员聂荣臻和广大干部、群众的热烈欢迎。大家劝他先休息几天，他恳切地对聂荣臻司令员说："我是来工作的，不是来休息的，你们要拿我当一挺机关枪使用!"第二天，天刚蒙蒙亮，白求恩就率医疗队赶到军区卫生部——五台耿镇河北村。当白求恩得知他是敌后根据地唯一的合格医生时，立即请示聂荣臻司令员，要求筹建战地模范医院。于是，在平山常峪村和三分区筹建了第一特种外科医院、第二特种外科医院。他还制订"五星期计划"，撰写外科教材，编写图解手册，亲自指挥木匠、铁匠制造外科医疗设备和器械，改善了边区的医疗条件。他曾连续工作三昼夜，在日寇疯狂的炮火中，坚持在 69 个小时中为 115 个伤员施行了手术。由于超负荷的工作，白求恩的身体日渐虚弱。聂荣臻经常劝他多休息，毛泽东主席也亲自从延安发来电报，指示军区"每月发给白求恩 100 元生活津贴"，以提高他的生活水平。白求恩非常感动地给毛主席回电说："我谢绝每月百元的津贴，我自己不需要钱，因为衣食一切均已供给。"白求恩不但这样，还把军区发给他的战利品，如炼乳、白糖、毛毯、床单等物品，都分给伤员。白求恩的高尚品格，感动着周围的人们。

白求恩在晋察冀期间还与革命老区平山县结下了不解之缘，他曾两次到过平山县。第一次是在 1938 年 9 月底，由于日军轰炸了白求恩在五台耿镇松岩口村亲自领导创建的第一所模范医院，他只好离开五台，带领医疗队向晋察冀军区四分区的平山县转移。在洪子店参加了一次战斗后，他返回了军区后方医院的驻地——秋卜洞花木村。在花木村，他曾为两名日本战俘做了手术，其中一名是日军的高级军官。白求恩还特意同这两名战俘照相合影，并给军区政治部写信说，应该把这张照片和宣传品散发到敌占区去，以宣传我军优待俘虏的政策，瓦解敌军。10 月 29 日，他回到了军区司令部驻地——蛟潭庄村。在这里，聂荣臻司令员经常与他在一起亲切交谈。白求恩还经常走街串巷，到老乡家里给老乡看病，并在这里认了一个小女孩王兰月做干闺女。11 月 6 日，他离开平山，经阜平下关到达灵丘广灵前线。

他第二次到平山是在 1939 年 1 月 15 日。白求恩打算与新西兰女牧师贺连洁小姐一起化装去北平购买药品器材。由于聂荣臻发电，有要事让白求恩速回军区，于是他放弃去北平的打算，迅速返回平山，第二次来到蛟潭庄军区司令部。聂司令员邀请他参加了在南苍蝇沟召开的边区党代会。在党代会上，他热情洋溢地讲道："今天我来帮助你们，明天你们胜利了，同样会帮助我们，只有中国人民和全世界人民包括加拿大人民团结起来，才能战胜法西斯。"会议还没有结束，他就接受了新的任务，带领医疗队奔赴冀中平原。

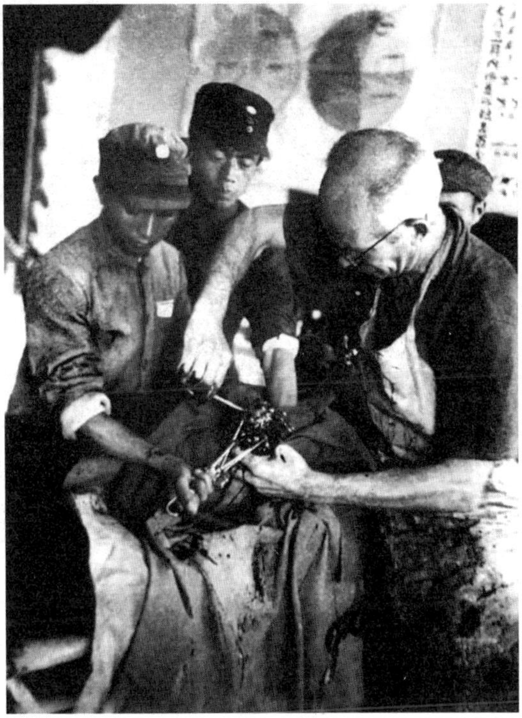

白求恩在山西五台松岩口模范病室为伤员动手术

1939 年 11 月，白求恩率领医疗队来到河北唐县黄土岭战斗前线。在一次紧张的抢救伤员时，他的左手中指不小心被手术刀尖划破了，但他只是把受伤的手指放在消毒液里浸了浸，就又继续工作。第二天，到达甘河净后方医院一所，这时他的手指开始肿胀，但他顾不上休息，接连检查了 200 多名伤员。第三天，他又给 13 人做了手术。就在这里，白求恩为一位头部严重感染的伤员实施排脓手术时，他受伤的手指被感染了。病毒侵入了他的血液，吞噬着他的生命，但白求恩不顾自己的病情，发着高烧，继续抢救战斗中负伤的指战员。

1939年白求恩（二排左一）初到平山县洪子店。三排左一为熊伯涛，三排左二为刘道生

1939年11月12日晨5时20分，白求恩终因病情恶化，不幸在唐县黄石口村病逝，为中国人民的解放事业献出了宝贵的生命，年仅49岁。

1939年12月21日，毛泽东发表了著名的《纪念白求恩》一文，高度评价白求恩的国际主义精神。为纪念白求恩，晋察冀军区模范医院改名为白求恩国际和平医院，卫生学校改为白求恩卫生学校。

中共中央选择了西柏坡

西柏坡中共中央旧址

柏坡，原称柏卜，始建于唐代，因村北坡上翠柏苍郁而得名。西柏卜因与东侧的东柏卜相对而称名，二者合称为柏卜。民国初年，本村的教书先生齐玉军将卜改为坡，方称柏坡。

西柏坡位于太行山东麓、滹沱河北岸的柏坡岭下，是河北省平山县中部的一个小村庄。太行山处在冀晋交界处，北起河北省拒马河畔，南到黄河北岸，山脉走向由东北而西南。峰峦起伏，回环错列，山冈连绵，地势险要，西柏坡正处在太行山与大平原交接处。战局顺利，可往华北大平原转移；如有不测，则可退居层峦叠嶂的太行山，战略位置非常重要。

西柏坡坐落在滹沱河北岸一个向阳的马蹄形山弯里，村前是一片开阔而肥沃的农田，河渠纵横，杨柳成行；村后是海拔渐高的群山，山上松柏苍翠。滹沱河两岸滩地肥美，稻麦两熟，物产丰富。抗日战争时期，这里曾被聂荣臻誉为晋察冀边区的“乌克兰”。

晋察冀边区的“乌克兰”——西柏坡

西柏坡位于山区，民风淳朴，群众基础好。1937 年冬，贫苦农民阎发亮经北庄村阎玉林介绍加入中国共产党，成为该村第一个党员。从此，西柏坡村的党员队伍开始发展起来。1938 年建立了党支部。1939 年东、西柏坡分为两个行政村，党支部也随之分开。到 1940 年全村党员已经达到 10 名，1948 年底发展到 44 名。1945 年 10 月建屏县成立后，西柏坡村划归建屏县。当时，西柏坡村有 85 户人家，325 人，耕地 686 亩。抗日战争和解放战争中，全村计有 8 人参军，支前民工达 700 多人次，军鞋 500 多双，军衣 600 多套（件），军粮 200 多万斤。

优越的地理位置，富足的物产，良好的群众基础，使西柏坡走入中共中央的视线。1947 年 5 月，以刘少奇为书记、朱德为副书记的中共中央工作委员会进驻西柏坡村。7 月 12 日，中共中央工作委员会在西柏坡正式成立。1948 年 5 月，毛泽东、周恩来、任弼时率领中央前委和以叶剑英为书记、杨尚昆为副书记的中央后委，分别自陕北和山西省临县三交镇经晋绥解放区来到这里，中共中央和中国人民解放军总部正式在这里办公，至此，西柏坡成为当时中国革命的领导中心。其附近的东柏坡、陈家峪、南庄、北庄、夹峪、柏里、东黄泥、洪子店、李家沟等村也随之成为中央机关的驻地。

在这里，毛泽东和他的战友们召开了全国土地会议，通过了《中国土地法大纲》，实现了耕者有其田；指挥了辽沈、淮海、平津三大战役，决定了中国的命运；召开了中国共产党七届二中全会，描绘了新中国的宏伟蓝图。1949 年 3 月 23 日，中共中央和解放军总部离开西柏坡，赴京建国。新中国从这里走来。

1947 年

战略决策中共中央“一分为三”

毛泽东参加撤离延安动员大会途中

1947 年 3 月 18 日，中共中央主动撤出延安，踏上了转战陕北的征途。3 月 29 日，撤离延安后的中共中央书记处四位书记毛泽东、朱德、刘少奇、任弼时到达陕北清涧县的枣林沟村，鉴于当时严峻的形势和战略问题的考虑，召开会议，讨论中央机关行动问题。

会上，毛泽东再次表明自己坚持留下的态度。他说：“我不能走，党

周恩来转战陕北途中

任弼时在转战陕北途中

中央最好也不走。我走了，党中央走了，蒋介石就会把胡宗南投到其他战场，其他战场就要增加压力。我留在陕北，拖住胡宗南，别的地方能好好地打胜仗。”

会议经过慎重研究做出决定：由毛泽东、周恩来、任弼时等组成中央前委，率中央机关和人民解放军总部继续留在陕北，主持中共中央和中央军委的工作，指挥全国解放战争；由刘少奇、朱德、董必武等组成中央工作委员会，刘少奇为书记，率部分中央机关干部前往华北，进行中央委托的工作。4 月 11 日，中央决定成立中央后委，由叶剑英、杨尚昆、李维汉、邓颖超等组成，以叶剑英为书记，杨尚昆为后方支队司令员，率领中央和中央军委的大部分工作机构到晋西北临县地区统筹后方工作。

枣林沟会议会址

中共中央从党的根本利益出发，从整个革命战争全局考虑做出了中央“一分为三”、党中央和毛泽东仍留在陕北的英明决策，在政治上稳定了军心和民心，表现了中国共产党人敢于斗争、敢于胜利的英雄气概和革命胆略。当时，“毛主席还在陕北”已成为解放区军民同国民党蒋介石进行殊死搏斗的精神支柱。

在革命历史转折关头，党中央面对极其严峻的形势，冷静地做出了分为中央前委和中央工委的决定，这是一个关系到革命发展与前途命运的重大问题，同时也是一个为立于不败之地而向最坏处做准备的英明决策。一个美国作家就这个问题评论说："1947 年 3 月，国民党部队迫使中央撤离延安时，中央政治局就一分为二，毛、周和任弼时仍然留在陕甘宁边区继续与国民党部队周旋；而刘和朱德及他们率领的第二个做预备的中央委员会撤离到晋察冀边区。毛当时就通告中央委员会全体成员，如果毛领导的中央被赶出边区，刘领导的委员会就行使中央委员会的职权。"

枣林沟会议是在革命的转折关头召开的一次重要会议。会议做出的重大决策，保证了中共中央首脑机关在艰苦的转战中仍然能保持坚强的核心领导，使各方面工作与党中央方针政策的实施能正常运转，对鼓舞解放区军民进行革命战争的斗志与必胜信心，发挥了重大的作用。

生的伟大　死的光荣

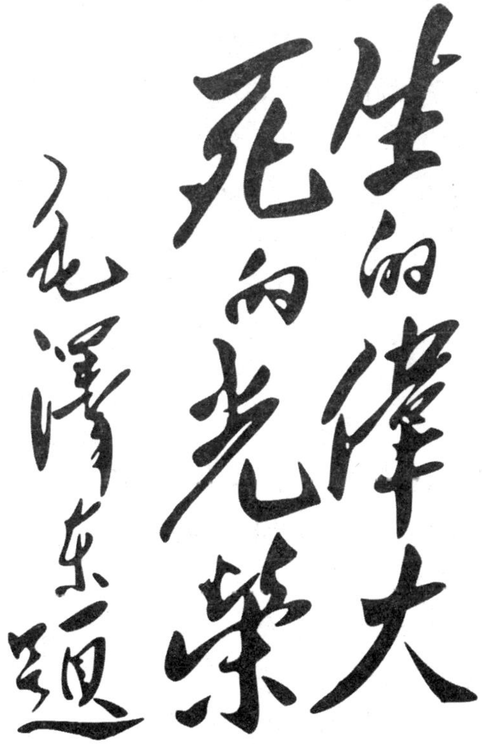

毛泽东为刘胡兰题词

“生的伟大，死的光荣”这八个大字是毛泽东为刘胡兰题的词。

1947 年 1 月 12 日，刘胡兰被国民党军和地主武装抓捕了。在敌人的威胁面前，她坚贞不屈，大义凛然地说：“怕死不当共产党员！”敌人将同时被捕的6位革命群众当场铡死。但她毫不畏惧，从容地躺在铡刀下。她以短暂的青春年华，谱写出永生的诗篇，以不朽的精神，矗立起生命的宣言。

1947年3月下旬，毛泽东带领中共中央机关转战陕北途中，中共中央书记处书记、中央纵队司令员任弼时向他汇报了一位小姑娘刘胡兰英勇就义的事迹。毛泽东问："她是党员吗？"任弼时说："是个优秀的共产党员，才15岁。"毛泽东深受感动，挥笔写下了"生的伟大，死的光荣"八个大字。遗憾的是，在紧张的战斗中，题词不幸丢失。如今的题词，是毛泽东在1957年烈士就义10周年之际重新题写的。

刘胡兰，原名刘富兰，1932年10月8日出生于山西省文水县的一个中农家庭。母亲早亡，父亲刘景谦续娶胡文秀为妻。胡文秀将刘富兰名中的"富"字改为自己的姓氏"胡"，从此更名刘胡兰。继母积极投身于妇救会工作，并非常支持刘胡兰参加革命。

刘胡兰8岁上村小学，10岁参加儿童团。1945年10月，刘胡兰参加了中共文水县委举办的"妇女干部训练班"。学习了一个多月，回村后她担任了村妇女救国会秘书。1946年5月，刘胡兰调任第五区"抗联"妇女干事；6月，刘胡兰被吸收为中共预备党员，并被调回云周西村领导当地的土改运动。

1946年秋，国民党军大举进攻解放区，文水县委决定留少数武工队坚持斗争，大批干部转移上山。当时，刘胡兰也接到转移通知，但她主动要求留下来坚持斗争。这位年仅14岁的女共产党员，在已成为敌区的家乡往来奔走，秘密发动群众，配合武工队打击敌人。

云周西村的反动村长石佩怀，为阎锡山军派粮派款、递送情报，成为当地一害。1946年12月的一天，刘胡兰配合武工队员将其处死。阎锡山匪军恼羞成怒，决定实施报复行动。1947年1月12日，阎军突然袭击云周西村，刘胡兰因叛徒告密而被捕。她镇静地把奶奶给的银戒指、八路军连长送的手绢和作为入党信物的万金油盒三件宝贵的纪念品交给继母后，便被气势汹汹的敌人带走。刘胡兰在威逼利诱面前不为所动，被带到铡刀前。眼见匪军连铡了几个人，怒问一声："我咋个死法？"匪军喝叫"一个样"后，她自己坦然躺在刀座上。刘胡兰牺牲时，尚未满15周岁。

革命先烈刘胡兰

刘胡兰牺牲后，中共晋绥分局追认她为中国共产党正式党员，并指示新华社播发了刘胡兰的事迹，号召全国人民向刘胡兰学习。

布棚下面创辉煌

土改农民埋界桩

“晴天霹雳一声响，布棚下面创辉煌。打土豪，烧地契，喜笑颜开分田地。共产党使咱翻了身，咱要报答共产党的恩；去支前，去参战，人人争到打蒋第一线。”这首我党在解放区进行土地改革时期广为流传的民歌，唱出了千千万万劳动人民发自内心的声音。

这“布棚下面创辉煌”，就是指 1947 年在西柏坡村召开的全国土地会议。

1947 年 7 月，各解放区的代表 100 余人，带着战场的硝烟，穿过敌人的封锁线，历尽千辛万苦，风尘仆仆地来到西柏坡，参加即将在这里召开的全国土地会议。

丈量土地

参军参战

7 月 17 日，全国土地会议在西柏坡胜利开幕。

会场设在西柏坡恶石沟河边的一个打谷场上。场北头有一个稍高出场面的土台子，上面放着两张漆面斑驳、褪了色的长条桌和几个长条凳，构成了主席台。打谷场四周的槐树和大叶杨将七月的骄阳筛成了细碎的光斑，一张巨大的帆布系在麦场边的四棵大树上，扯起了一个用来遮阳的大棚。会场既无标语、口号，也无沙发、麦克风，更无茶水和热毛巾。台下参会代表散坐在树荫和布棚下，有的坐在石头块上，有的干脆坐在地上，听刘少奇、朱德等做报告。

刘少奇在全国土地会议上做报告

出席全国土地会议的正式代表有 107 人。在战争时期能集中各地这么多代表，以历时两个月时间讨论土地问题，在中国共产党历史上是前所未有的壮举。

会议期间，朱德常常在主席台下席地而坐，趴在一个小木椅上，边听发言边做记录。刘少奇患有胃病，七月的大热天，还时常抱着一个暖水袋坚持开会。晚上，他还要与代表座谈，每次让卫士长通知代表时，他总这样叮嘱：“跟代表们说话要客气，不要和下命令一样，就说，少奇同志请你们到他那里坐坐。”

会议的进程，大体分为两个阶段。从 7 月 17 日到 8 月 31 日为会议第一阶段，从 9 月 1 日至 9 月 13 日为会议第二阶段。在会议的第一阶段近一个半月时间里，主要由各地代表汇报情况和存在的问题。中央工委领导主要听取各地区负责人的汇报，然后把所有了解到的情况认真归纳后向中央汇报，听取毛泽东的指示或与之进行深入仔细的磋商。第二阶段则主要转向讨论和制定土地政策问题。

在刘少奇的精心组织和严格要求下，会议开得非常认真，经过近两个月的讨论和反复修正，9 月 13 日，由刘少奇同秘书处人员一起研究起草的《中国土地法大纲（草案）》通过，会议胜利结束。10 月 10 日，在陕北佳县神泉堡中共中央批准并公布了《中国土地法大纲》。刘少奇在闭幕会上做了《在全国土地会议上的结论》，他强调说：“实行这样的彻底平分土地的政策，整顿党，整顿作风，直接的目的是为了广大农民的利益，为了把土地改革这一基本任务完成。解决土地问题是直接关系到几百万几千万人的问题，就全中国来说，是几万万人的问题。这直接是农民的利益，同时也是全民族的利益，是中国人民最大的最长远的利益，是中国革命的基本任务。只有发动群众，彻底进行土地改革，把党整纯洁，才能战胜蒋介石。”“蒋介石靠美国，我们是靠老百姓。但靠老百姓要有两个条件：第一个就是反对地主，平分土地；第二个就是民主，不准许站在人民头上屙屎撒尿。这两个条件我们可以做到，做不到就不像个共产党的样了。实行土地改革是争取爱国自卫战争胜利最基本的一环，有决定意义的一环，我们有信心能做好。”

全国土地会议是中国共产党代表人民利益，为中国革命建立的一个重大的历史功绩，是改变中国农民命运的一次重要的会议。

一只暖水袋

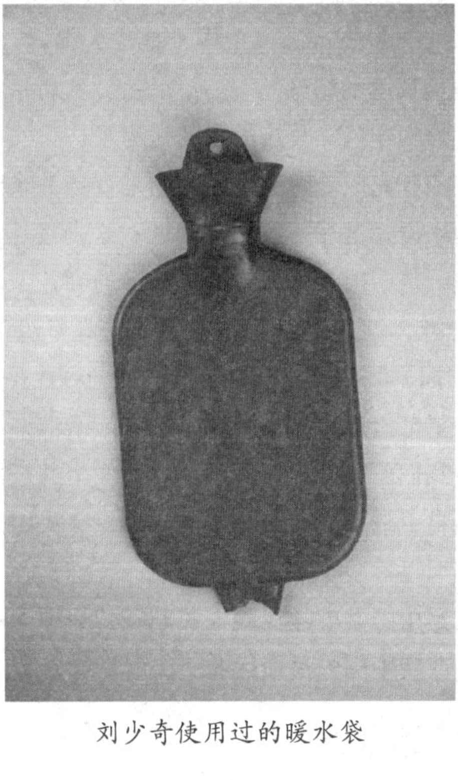

刘少奇使用过的暖水袋

在西柏坡陈列展览馆第二展厅陈列着一只暖水袋，从外形看，它与其他的暖水袋没有什么区别，但这的确是一只不寻常的暖水袋，因为它见证了刘少奇呕心沥血、忍着病痛坚持工作的动人事迹。

1947 年 5 月，以刘少奇为书记的中共中央工作委员会到达西柏坡。受中共中央的委托，中央工委在西柏坡召开了全国土地会议。

在全国土地会议召开前夕，作为工委书记的刘少奇，白天亲自下乡调查研究，体察民情，了解土地改革的进展情况；晚上，他又在油灯下伏案工作，起草、批阅文件，筹备着全国土地会议的召开。刘少奇本来身体就不好，加上工作繁忙，胃病复发，当时体重只有48公斤。但他依旧抱病下乡，几次病倒在调查的路上。有一次，他胃痛难忍，是当地老乡用自己的手推车把他送回来的。之后，他就常带一个暖水袋下乡调查，用它来暖胃。毛泽东知道后十分关心，于6月14日致电刘少奇、朱德："少奇身体有进步否，望安心休息一个月，病愈再工作。"刘少奇看完电报后，心情非常激动，在向中央报告全国土地会议准备情况时附加了句："我病已痊愈，身体恢复，可以工作。"其实，刘少奇的胃病根本没有痊愈，他没有接受毛泽东让他安心休息一个月的劝告，仍然忘我地投入工作，没有休息一天。因为他的心里装着劳苦大众，想让农民早一点获得属于自己的土地，进而为大决战提供人力和物力保障。

1947年7月17日至9月13日，全国土地会议在西柏坡召开。会议由刘少奇主持，他由于胃疼，在会议期间就经常抱着这只暖水袋，捂着肚子和大家座谈讨论。

开会的同志们都替他担心，关切地劝他多休息，他却微微一笑，继续坚持开会。由于天气炎热，胃部又放着一个暖水袋，他脸上的汗水直往下滴，湿透了的衣服紧紧地贴在身上。

这个暖水袋是全国土地会议的历史见证，陪伴着刘少奇主持了全国土地会议，领导了解放区的土地改革运动，经历了三大战役和党的七届二中全会。1949年3月后，它的主人又把它带到了北京，还用了很长一段时间。

1977年，王光美把这个暖水袋赠给了西柏坡纪念馆。如今它的主人已经离开了我们，它却静静地躺在展柜里，向每一位从它身边走过的人诉说那段难忘的历史，诉说着刘少奇伟大的一生。

一个普通的文件箱

刘少奇的文件箱

在西柏坡刘少奇旧居办公室里，陈列着一个普普通通的木箱。说起这个木箱来，还有一段不平凡的经历。

这个木箱是刘少奇在延安时期用过的，曾存放过《论共产党员的修养》等重要文献手稿。

1947 年 3 月，蒋介石指挥胡宗南进攻延安。这个木箱跟随它的主人刘少奇一起，在那艰苦的岁月里转战南北。它既是刘少奇的文件箱，又是刘少奇的办公桌，行军打仗累了还可以靠着它坐一坐。

就在这年的5月初，这个木箱和它的主人一起来到了西柏坡。它的主人刘少奇住进一个普通农民的家里，而它被存放在刘少奇办公室的西北角。

作为中央工委书记的刘少奇，在西柏坡居住了近两年时间。通过广泛的调查、深入的工作，他终于取得了全国土地会议的第一手材料。多少个不眠之夜，刘少奇同志在油灯下奋笔疾书。他用辛勤的工作和汗水，终于迎来了全国土地会议的召开。经过近两个月的讨论研究，全国土地会议通过了《中国土地法大纲》，从根本上废除了封建剥削的土地制度，实行耕者有其田的土地制度，翻身农民努力生产、踊跃参军参战，保卫胜利果实。全国土地会议的极大成功，大大加速了解放战争的胜利进程。

《论共产党员的修养》和《在全国土地会议上的结论》，这些字字珠玑、力贯千钧的重要文献，闪烁着刘少奇同志勤劳智慧的光芒，凝结着他的滴滴心血和汗水。

木箱作为文稿的珍藏者和历史的见证人，在经历了三大战役和党的七届二中全会之后，在1949年3月被它的主人带到了北平，住进了中南海。刘少奇并没有因为做了国家主席而丢弃这个文件箱，相反，随着头上白发的增多，他存放在箱子里的文稿也越来越多了。正当他辛勤地为党和人民努力工作时，一场浩劫降临了。由于林彪、“四人帮”的迫害，一夜之间，这位1921年入党，长期担任党和国家重要职务的领导人被打倒了。他在中南海的家也遭到了造反派无数次的洗劫，几乎没有留下什么东西。幸运的是，这个木箱因为太简陋、太普通了，所以没有引起造反派的注意。在刘少奇同志家里工作多年的赵淑君同志想，刘少奇同志为党和人民操劳了一生，终有一天，历史会给予他公正评价的，现在应把少奇同志的物品尽可能地保存下来。于是，她用花纸将这个木箱裱了起来，里边装上自己的物品，冒着生命危险，悄悄地将其带出了中南海。从此，这个木箱就一直珍藏在赵淑君同志的家里。

党的十一届三中全会后，刘少奇同志的冤案被平了反，这个木箱才有了重见天日的机会。当我们向王光美同志征集少奇同志在西柏坡的遗物时，王光美同志怀着无限依恋之情，一遍又一遍地为我们讲述这个木箱的故事，并将这个仅存的文件箱交给我们。当我们用清水洗去木箱上面那厚厚的花纸时，跃入眼帘的是箱盖上大大的“奇”字和它的编号。

今天，这个木箱被端端正正地存放在西柏坡刘少奇同志办公的旧居里。它还是那样普通，还是那样不引人注意，但是，它无声地向人们诉说着过去，诉说着刘少奇同志伟大而悲壮的一生。

铲除封建制度的根基

中国土地法大纲

1947 年在全国土地会议上制定并通过，由中共中央批准并公布的彻底消灭封建剥削制度的土地改革的纲领——《中国土地法大纲》。

《中国土地法大纲》旗帜鲜明地规定：“废除封建性及半封建性剥削的土地制度，实行耕者有其田的土地制度。”“废除一切地主的土地所有权”“废除一切祠堂、庙宇、寺院、学校、机关及团体的土地所有权”“废除一切乡村中在土地制度改革以前的封建债务”“乡村农会接收地主的牲畜、农具、房屋、粮食及其他财产，并征收富农的上述财产的多余部分，

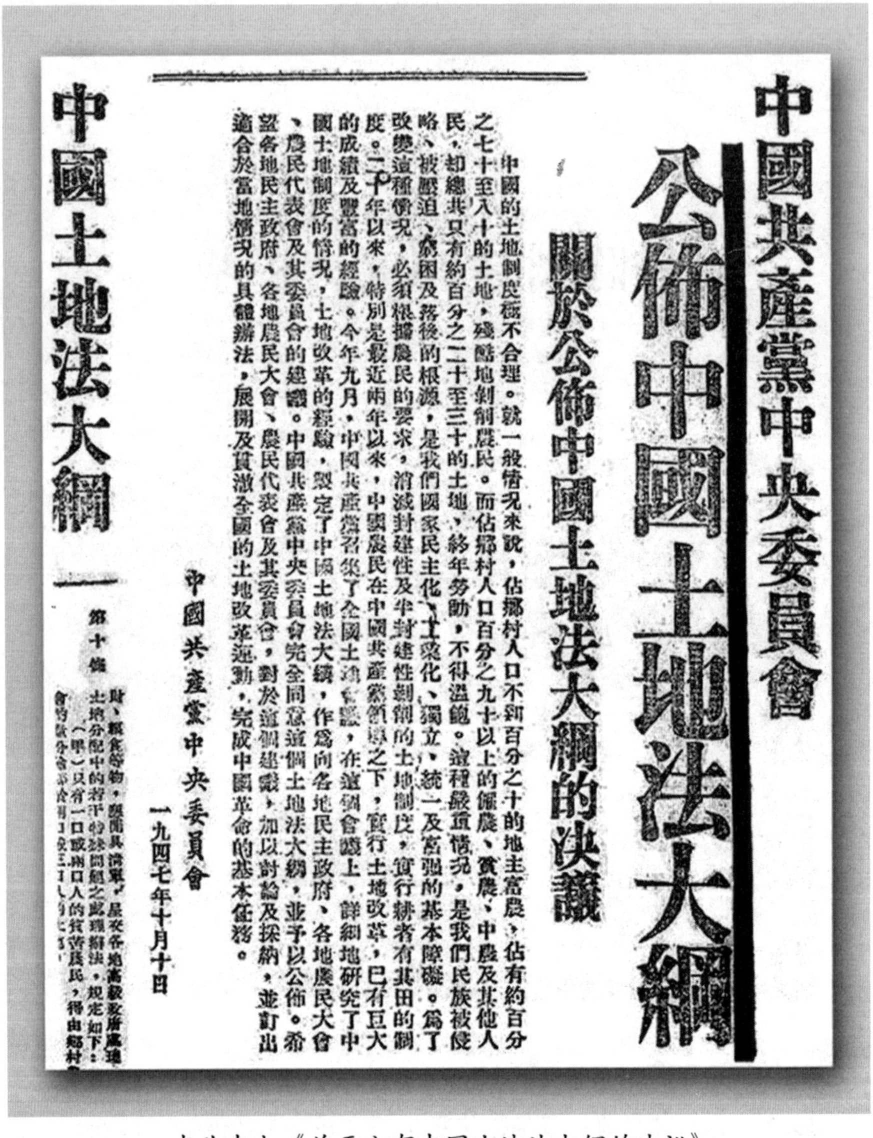
中國共產黨中央委員會

公佈中國土地法大綱

關於公佈中國土地法大綱的決議

中國的土地制度極不合理。就一般情況來說，佔鄉村人口不到百分之十的地主富農，佔有約百分之七十至八十的土地，殘酷地剝削農民。而佔鄉村人口百分之九十以上的僱農、貧農、中農及其他人民，卻總共只有約百分之二十至三十的土地，終年勞動，不得溫飽。這種嚴重情況，是我們民族被侵略、被壓迫、窮困及落後的根源，是我們國家民主化、工業化、獨立、統一及富強的基本障礙。為了改變這種情況，必須根據農民的要求，消滅封建性及半封建性剝削的土地制度，實行耕者有其田的制度。二十年以來，特別是最近兩年以來，中國農民在中國共產黨領導之下，實行土地改革，已有巨大的成績及豐富的經驗。今年九月，中國共產黨召集了全國土地會議，在這個會議上，詳細地研究了中國土地制度的情況，土地改革的經驗，製定了中國土地法大綱，作為向各地民主政府、各地農民大會、農民代表會及其委員會的建議。中國共產黨中央委員會完全同意這個土地法大綱，並予以公佈。希望各地民主政府、各地農民大會、農民代表會及其委員會，對於這個建議，加以討論及採納，並訂出適合於當地情況的具體辦法，展開及貫澈全國的土地改革運動，完成中國革命的基本任務。

中國共產黨中央委員會

一九四七年十月十日

中國土地法大綱

第十條

中共中央《关于公布中国土地法大纲的决议》

分给缺乏这些财产的农民及其他贫民”。它规定了分配给农民的土地归个人所有，“由政府发给土地所有证”。关于土地分配的办法是“按乡村全部人口，不分男女老幼，统一平均分配，在土地数量上抽多补少，质量上抽肥补瘦”，还规定，由农会征收旧式富农的土地，按平分原则将其多余的土地财产分给贫苦农民。关于民族工商业，《大纲》规定：“保护工商业者的财产及其合法的营业不受侵犯。”规定了农会和贫农团为土地改革的执行机关和执法机关，同时组织人民法庭，保障人民的民主权利和土地法的实施。

晋察冀军区某部战士拥护《中国土地法大纲》

《中国土地法大纲》是一部比较完备的彻底的土地法。它吸收了以往土地革命的实践经验，比以往（主要指十年土地革命战争时期）的土地法令显得成熟和完善，为在全国彻底消灭封建剥削的土地制度提供了一个基本纲领。它明确规定了彻底消灭封建性及半封建性剥削的土地制度。既表达了中国共产党彻底反对封建土地制度的民主革命纲领精神，也反映了广大贫苦农民强烈的土地要求。在分配土地方法上也保证了彻底消灭封建制度。《大纲》明确规定要充分发动农民、组织农会和贫农团，在此基础上普遍建立了县、区、村人民代表会议。农民掌握了乡村政权，并派代表到县以上的政权机关中去，广大农民群众在政治上得到了民主权利，从而进一步巩固了解放区的人民民主政权，促进了农民政权建设。

《中国土地法大纲》的贯彻实施，促进了解放区生产的发展，在消灭封建土地制度的基础上，农村的阶级关系发生了新的变化；广大农民从封建的生产关系中解放出来，生产积极性空前高涨，促进了社会生产力的发展，使解放区农村的经济面貌迅速改变。《中国土地法大纲》的实施，充分调动了广大农民群众的革命积极性，他们为了保卫胜利果实，掀起了踊跃参军参战、支援前线的热潮，为革命战争提供了取之不尽、用之不竭的人力和物力资源。

农民在墙上书写《中国土地法大纲》

美国友人韩丁曾把《中国土地法大纲》同美国的《解放黑奴宣言》相比。他在当时考察了一个村庄的土改运动后写道：“新发布的《中国土地法大纲》在 1946 年至 1950 年中国内战期间的作用，恰如林肯的《解放黑奴宣言》在 1861 年至 1865 年美国南北战争期间的作用。”

千年大变革

翻身农民领到房产证

全国土地会议的召开和《中国土地法大纲》的颁布实施，有力地推动了全国解放区土地改革运动的深入开展。随之，在中国大地上出现了一场规模空前的土改运动高潮。

全国土地会议之后，中央工委以主要精力领导了解放区的土地改革运动。为了取得经验，指导全局，中央工委成立了平山县和建屏县两个土改工作团，并派出机关干部到各地领导和指导土地改革工作。为了保证《中国土地法大纲》的贯彻实施和土改运动的健康发展，刘少奇、朱德也经常到基层调查研究，亲自深入到西柏坡附近的村子里，了解土改斗争中各阶层群众的反映和要求。

翻身农民烧地契

中共中央和中央工委密切关注着土改运动的发展，并及时解决一些问题。土地法大纲颁布后一段时间内，许多地方发生了一些“左”的偏向，为此，中共中央、毛泽东和中央工委集中全力研究土改和其他各方面的政策，具体地规定了一系列土改的政策和策略。经过全党的努力，到1948年春，全国土地改革运动走上了健康发展的道路。

亿万农民迅速投入到波澜壮阔的土地改革大潮中。不到一年的时间，一亿六千万农民，约占全国37%的人口得到土地。在西柏坡纪念馆珍藏着哈尔滨靠山屯全体农民写给毛泽东的一封信：毛主席呀！没有您我们真得饿死啦！这回我们都翻身了，分了地，分了马，分了衣服、粮食，都有吃有穿，也都抱团了，一定打倒大地主，打倒反动派……朴实厚道而又催人泪下的话语，道出了翻身农民掏心窝子的话。河北省平山县下盘松村是“子弟兵的母亲”戎冠秀的故乡，翻身农民们绣了一面写有“土地回老家”

的锦旗，表达他们得到土地后的喜悦心情。村民崔山庚已年近花甲，当分到土地后，他热泪盈眶地扑倒在自己的土地上，双手捧着黄土亲了又亲。

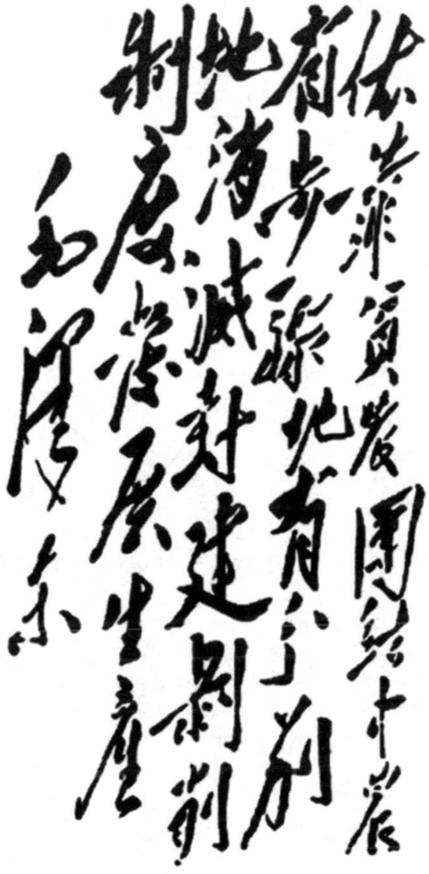

毛泽东手书的土地改革总路线

土地改革运动吹响了彻底推翻“封建大山”的战斗号角，敲响了中国几千年封建剥削制度的丧钟，为解放战争的全面胜利奠定了坚实的群众基础。1947 年年底，上海《密勒氏评论报》的一篇文章中说：“中共采取了两种斗争方式，一是土改，二是军事，决定最后胜负的在于前者不在后者。”

毛泽东也曾指出：“有了土地改革这个胜利，才有了打倒蒋介石的胜利。”

一 家 人

刘少奇深入农户的《一家人》铜雕

滹沱河畔，微风吹来，金色的稻田里亮出一道道滚动的波痕，沉甸甸的稻穗好像一群调皮的孩子在黄色的地毯上跳着欢快的舞蹈。此时，在西柏坡村，刘少奇和警卫员李长有正急匆匆地往田间走去。

李长有说："首长，今天早上你就没有顾上吃药，我们还是先回去吃药吧。"

"长有，今天胃没有疼，不用吃药，走吧，我们还是到地里去。"

刘少奇为了获得土改的第一手资料，总结土改经验，在开完土改座谈会后，又要坚持到田间地头进行土改调查。患有胃病的他总是带病坚持工作，工作一紧张就忘了吃药。他们走着走着，在一块地埂边，刘少奇突然站住了。一位老农正举着镢头在地里刨谷茬，一个十一二岁的小孩子拾起谷茬，堆在一边。这是一块春天播种，过了麦夏之后早熟的谷地，谷子已经收割了，老农刨了谷茬，准备种麦。

“长有，我翻，你拾。”刘少奇走进地里，提起一把铁锨，翻起来。

“首长，你不是说了解情况嘛，怎么又要干活？”李长有问。

“长有，你看，老伯伯太累了，我们帮帮他。等把活儿干完了，我们再了解情况不是一样吗？”

当老农刨到地头，扭过身子，看到了帮他刨谷茬的刘少奇，惊奇地站住了。

这个老农认识刘少奇。在一次贫农代表参加的土改会议上，刘少奇讲过话。当时他坐在台下听，刘少奇的话句句讲到他心里。他听人们说，讲话的是副主席刘少奇。那个时候，他便记住了这位大人物。

他使劲儿揉揉眼，眨巴眨巴眼睛。“我是不是老眼昏花了？副主席到我的地里干活，这是真的吗？”他仔细地看了看，“真的，是这位副主席，一点儿没错！”

他激动得不知如何是好，连忙提起镢头放轻脚步走到刘少奇面前，蹲下身子仔细地望着。两行热泪从干涩的眼窝里流出来，挂到胡须上，他不明白这位副主席为什么帮他干活儿。

“老伯伯，你好！”刘少奇急忙说。

“你是刘副主席吧？”老农颤巍巍地说，“我认识你，你是副主席！”

“你这么大的官儿，为什么帮我一个农民干活儿？我活了快70岁了，从来没见过这样的事。我谷子打得多，送给你一些吧，看你瘦的……”

“老伯伯，留着你吃吧，吃不了的就支援前方。”刘少奇亲切地说。

“你说啊，为什么要帮我？我要明白。”老农又问刘少奇。

“老伯伯，因为我们是一家人！”刘少奇深情地望着老农。

“一家人！我们是一家人！”老农紧紧攥住刘少奇的双手激动地摇着，“真的，我们是一家人？”

“真的，我们是一家人！”刘少奇扶住老人，老人脸上露出了灿烂的笑容。

“老伯伯，我们是一家人。有了自己的田，好好耕种，多打粮食，支援前方打胜仗。全国快要解放了，毛主席领导我们就要做新中国的主人了。”

“我一定好好种田，永远记住你的话。”

刘少奇走远了。老农望着他的背影，嘴里不停地重复着一句话：“一家人，我们是一家人！”

靠山屯农民写给毛主席的信

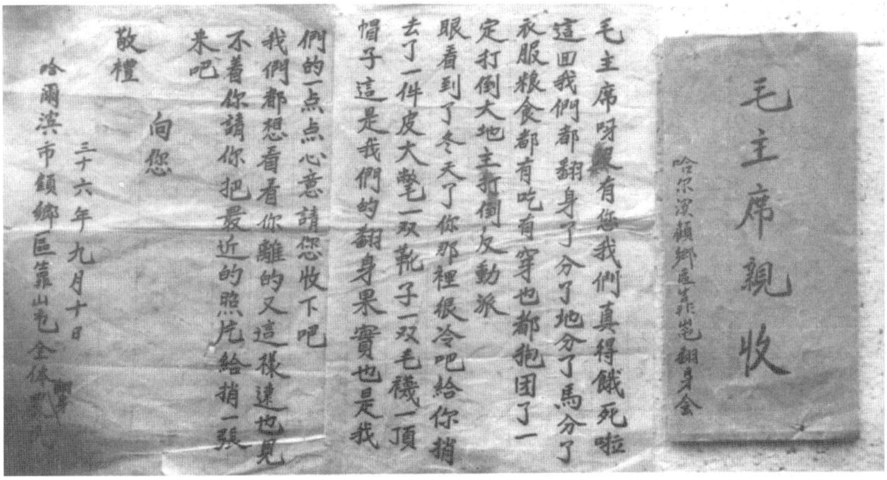
毛主席親收

哈尔濱顧鄉區靠山屯翻身会

毛主席呀沒有您我們真得餓死啦
這回我們都翻身了分了地分了馬分了
衣服糧食都有吃有穿也都抱团了一
定打倒大地主打倒反動派
眼看到了冬天了你那裡很冷吧給你捎
去了一件皮大氅一双靴子一双毛襪一頂
帽子這是我們的翻身果實也是我
們的一点点心意請您收下吧
我們都想看看你離的又這樣遠也見
不着你請你把最近的照片給捎一張
來吧
向您
敬禮
三十六年九月十日
哈爾濱市顧鄉區靠山屯全体

1947 年 9 月 10 日，哈尔滨市顾乡区靠山屯翻身农民给毛主席的信

在西柏坡纪念馆陈列着一封信，写在两页十六开的信纸上。信封长 24 厘米，宽 10 厘米。收信人是毛主席，写信人是哈尔滨顾乡区靠山屯翻身会，时间是“民国三十六年九月十日”。由于年代久远，纸张已经发黄，纸的边缘也有磨损。

信用毛笔写就，直行竖排。信的内容为：“毛主席呀！没有您我们真得饿死啦！这回我们都翻身了，分了地，分了马，分了衣服、粮食，都有吃有穿，也都抱团了，一定打倒大地主，打倒反动派！眼看到了冬天了，你那里很冷吧？给你捎去了一件皮大氅，一双靴子，一双毛袜，一顶帽子，这是我们的翻身果实，也是我们的一点点心意，请您收下吧。我们都想看看你，离的又这样远也见不着你，请你把最近的照片给捎一张来吧。向您敬礼!”

写信的人叫柏杰，是东北行政学院第一期学生，当时在靠山屯协助土改队队长郭蕻生搞土改。土改时，因靠山屯有两户较大的地主，故农民从地主家里分得很多胜利果实。当时老百姓获得胜利果实后，心里都有一种“翻身不忘共产党，幸福不忘毛主席”的信念，自然而然就想把好东西献给毛主席。土改队也认为此事非常好，于是大家把分得胜利果实中较好的一件皮大氅（此物为当时靠山屯老农会的会长李学思分得的胜利果实，他自愿拿出来送给主席）、一双靴子、一双毛袜、一顶帽子拿出来献给毛主席。工作队经过商量后，决定由柏杰起草书写，经郭蕻生审阅同意后，把信及物品交由当时的中共哈尔滨市委转送毛主席。

这封信语言朴实，生动地表现了农民获得土地后的喜悦之情和对中国共产党、毛主席由衷的感激之情。

不能一竿子打死

刘少白

刘少白，开明绅士，曾经三次赴延安受到毛泽东主席的接见。

1946 年 6 月初，刘少白从延安回到家乡兴县后，把全家的 450 亩土地、一处四合院和百余棵枣树，献给政府处理。可是半年后，1947 年 1 月，中央派康生到晋绥指导土改，他借纠正前一段时间一些地方土改中存在右倾缺点之名，大搞极“左”，把晋绥边区的土改引向歧途，出现了乱打乱杀、侵犯中农和工商业者利益等混乱现象。他竟然说：“刘少白献地是假开明，是收买群众。”刘少白的弟弟刘象坤被毒打致死。开明绅士、边区参议员、晋西北士绅赴延安参观团团长、积极支持刘少白开办兴县农民银行的牛友兰，开明绅士、边区最高法院院长孙良臣，都被斗致死。1947 年 9 月，刘少白也被五花大绑从兴县县城押到 50 多里外的黄河边的黑峪口村，接受数千人的批斗，并当场宣布撤销其边区临时参议会副议长职务，监禁 40 多天。转战陕北的毛主席从《晋绥日报》上看到刘少白被批斗的消息，非常生气，指令晋绥分局派一位领导向他当面汇报情况。毛主席严厉批评前去汇报的一位分局副书记："像刘少白这样的人都被你们斗了，以后还有谁敢跟我们合作？回去赶快纠正！"

不知道为什么，邀请刘少白参加华北各界人民代表会议的电报，直到会议结束那天才交给刘少白。1948 年 9 月，刘少白带着邀请电报到了河北平山县。为了等待中央指示，他在离西柏坡只有二三里路的南庄村住了下来。9 月 15 日，他给毛主席写了一封长信，主要是讲述土改中被斗的情况和他的党籍问题。

毛主席对年长他 10 岁的刘老先生的信十分重视，亲笔做了回复，对所提及的问题都做了回答。毛主席在 10 月 30 日的回信中说："我们的工作是有错误的。好在现已一般地纠正，并正在继续纠正中，正如你在五事中第二项所说那样。情形既已明白，则事情好办，你也就可以安心了。大函已转付彭真同志。党籍一事，请与彭真同志商酌。"

这封信在《毛泽东书信选集》《毛泽东年谱》《彭真年谱》中，都被选用，可见其重要性。

在西柏坡，毛主席还让彭真和安子文亲自找刘少白谈话，具体做他的思想工作和解决他的实际问题。12 月 5 日，时任中央组织部部长的彭真拍发了中组部就"与刘少白谈话结果"致晋绥分局电：刘少白"是 1937 年 8 月由王若飞、安子文两同志介绍入党的，以后即一直保持特别党员的关系。现在应承认其党籍，并保持组织关系"，去年在土改中由于执行政策上的偏差对他进行斗争是错误的。

毛主席作为党的最高领导人，这样直率地承认、检讨土改工作中的错误，使得刘少白激动不已，感慨万千。11 月 13 日，刘少白再次致信毛主席说："觉得我那信是有些孟浪了！""在 10 月 30 日接读了您的手复，在短短的数语中，已经概述了全面问题，并给了我个人的安慰！"他诚恳表示："抛开往事，力追后尘。"

关于"左"的问题，中央从不同渠道了解了情况，从"十二月会议"开始，土改纠"左"工作全面展开。从"十二月会议"到 1948 年 5 月份，根据毛泽东年谱记载，毛泽东 100 多次因纠"左"问题发表文章，与任弼时谈话，给各解放区起草电报，重点纠"左"。仅仅编入《毛泽东选集（第四卷）》的就有六篇，集中纠正了"左"倾错误。

纠“左”力作

在土地改革运动中，许多地方发生了一些“左”的偏向，为此，中共中央、毛泽东和中央工委集中全力研究土改和其他各方面的政策，具体地规定了一系列土改的政策和策略，确保土改沿着正确的方向发展。任弼时作为中共中央政治局委员、中共中央五位书记之一，密切关注着运动的发展，并撰写力作，纠正“左”的偏向。

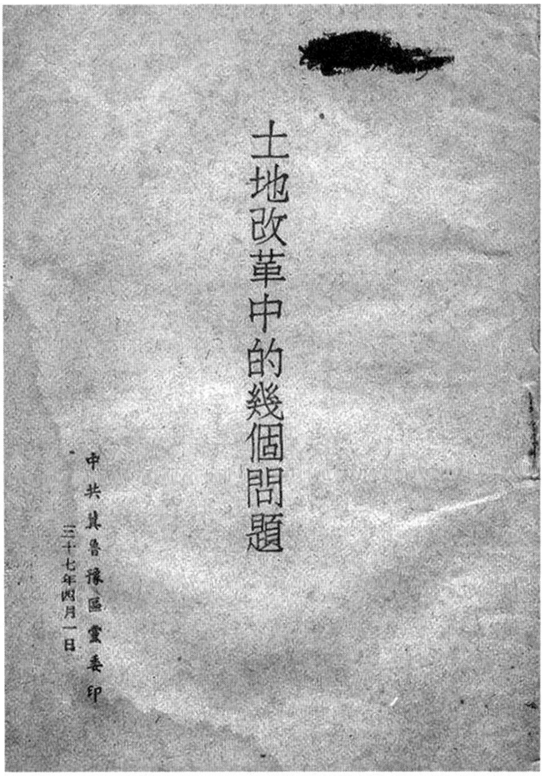

《土地改革中的几个问题》

在转战陕北过程中，紧张的工作，艰苦的转战，使得任弼时的身体状况每况愈下。中央决定让他在杨家沟附近的钱家河暂时休养一段时间。任弼时住下来后，说是在休息，实际上天天都在工作，他每天都到驻地周围的村子做调查，一共调查了30多个村子。他访问农民，询问生产生活情况，征求他们对土改工作的意见，甚至亲自参加一些村子斗地主的大会，实际感受土改运动。他安排身边的工作人员利用帮助群众干活的机会，按村、按户调查人口、土地以及评定成分的情况。在此期间，他还查阅了大量的党内文件，然后加以分析，做出结论。

毛泽东与任弼时在陕北佳县神泉堡

当任弼时读了《晋绥日报》发表斗争刘少白的长篇报道和《土改通讯》上《后木栏干调查报告》时，感到非常吃惊，非常不安。他特地请晋绥分局书记李井泉来汇报情况。经过相当长一个时期的研究和思考，任弼时在综合吸收了党内许多同志的正确意见之后，对纠正土改中的“左”倾错误提出了较为系统的意见和建议，而且针对运动中业已出现的错误做法提出了若干政策界限。

1948年1月12日，任弼时同志向西北人民解放军前线委员会扩大会议做了《关于土地改革中的几个问题》的长篇报告。这个报告从理论和实践结合上阐明了分析阶级的标准，坚固地团结全体中农，正确对待工商业、知识分子和开明士绅，以及反对乱打乱杀等六个方面的问题，成为纠正一度出现的“左”倾错误的重要文件。

毛泽东十分重视任弼时的报告，亲自修改补充定稿，确定其为中共中央的土改政策文件，并批示新华社：“用明码电报开始拍发，争取两天或三天发完，由新华社转播全国各地，立即在一切报纸上公开发表，并印小册子。请范长江同志注意，不要译错文字或标点符号。我们这里除新闻简报上发表外，并印小册子送中后委。”

任弼时的报告下发之后，成为土地改革的政策蓝本，产生了巨大的作用。

石门洞开

晋察冀野战军发起石家庄战役

石家庄，旧称石门，是河北省省会。石家庄地处华北平原中部，是平汉、石德、正太诸铁路的连接点，为华北敌军战略要点之一。

抗日战争结束后，国民党即以其嫡系第三军驻守该地，并大力加强防御工事。从市郊到市中心共修了三道防线：第一道防线筑有 7 米深、6 米宽、周长 30 公里的外市沟一道，内沿设有电网并筑有环形铁路；第二道防线，环市区及北兵营修有内市沟一道，周长 15 公里，同样由高碉、地堡、

晋察冀野战军领导人合影

电网等工事构成；市内以大石桥、车站、发电厂等建筑物组成核心阵地，为第三道防线。全市沟壕纵横，碉堡林立，装甲车日夜巡逻。敌军除第三军之第三十二师和3个保安团外，还有附近19个县的反动武装。第三军主力被歼于清风店后，国民党为挽救石家庄之危机，又将保定绥署1个团和第三军野炮营（原驻保定）空运至石家庄，计有兵力2.4万余人。

随着清风店战役的结束，敌第三军主力被歼，石家庄守备空虚，敌军便收缩防守，除将第三十二师主力调至外市沟内，将外围元氏、获鹿、白佛、方村、南高营、柳辛庄等据点交保安队还乡团驻守外，其余据点收缩。晋察冀军区司令员兼政委聂荣臻即于清风店战役结束的当天致电中央军委和中央工委，提出“乘胜夺取石家庄”的建议，得到中央军委批准。11月6日零时，战役正式开始，我集中野战军3个纵队及6个独立旅共计5.6万人，乘胜发起石家庄战役。首先扫清外围，并以迅猛动作占领了飞机场，切断了敌人对外的唯一通道，使敌人变成了瓮中之鳖；接着又占领了制高点云盘山，并以此为依托炮击市内的发电厂，切断了整个市区的电源；然后突破外市沟、内市沟，随即挺进核心工事。第四纵队第十旅第二

突破外市沟

我军进驻中山路

十三团第一营第二连采取瞒天过海战术，在敌人收缩时冒充敌军，直插敌核心工事大石桥，把正在开会的敌指挥官全部俘获，并在床下生擒敌石家庄守备司令第三十二师师长刘英。随即第十旅政委傅崇碧突审刘英，迫其向部下写了降书。12日11时，经六昼夜激战，石家庄战役以歼敌2.4万人胜利结束。

石家庄的解放，使

解放军占领大石桥

石家庄解放后，人民解放军入城式

平津之敌失去了重要一翼，并使晋察冀和晋冀鲁豫两大解放区连成一片，为我军攻坚战术提供了重要经验，也为党中央、毛主席移驻西柏坡创造了条件。

老师赐见学生

聂荣臻与罗历戎谈话

1947 年 10 月 21 日，在河北省定州清风店地区，经过十天战斗，晋察冀野战军的 6 个旅，将国民党军罗历戎的第三军主力围得水泄不通。10 月 22 日，我军全歼被围之敌，这场仅仅持续 11 天的战役宣告结束，我军歼敌 1.7 万余人。

这场战役中，我军主要指挥员系聂荣臻（曾任黄埔军校教官），他指挥晋察冀野战军等部队，采取围点打援战术围攻保定北部，歼灭来援之敌；罗历戎（黄埔二期生）率国民党军主力第七师和配属第六十六团北上保定，意欲协同其他国民党军夹击我军。

当年台上台下的师生，如今兵戎相见。老师打学生还是占优势的。我军靠着机动灵活的战术和勇猛顽强的战斗意志，不仅很快击溃罗历戎部，还俘虏了罗历戎在内的众多将领。

罗历戎被俘后，提了个要求，“我要见见我的老师。”罗历戎当然知道，对手聂荣臻是自己的黄埔老师。

聂荣臻一时没空理他。罗历戎便请看守给老师递了个纸条，纸条中并没有请求老师照顾宽容，而是写了这么两条请求：“我是四川人，爱吃辣椒，这里却连一点辣椒味儿都闻不到，我受不了！”“如果可能的话，请允许我自己做饭。”

被俘了，怎么还想着做饭和吃辣椒？聂荣臻看了字条后，会心一笑：“这个罗历戎啊！”

原来，罗历戎并非真的想自己做饭、想吃辣椒，而是以此提醒老师，希望聂荣臻想起自己既是学生又是老乡，目的还是想面见老师。

的确，聂荣臻和罗历戎都是重庆江津人，聂荣臻确实没忘记这个同乡。没过几天，聂荣臻和华北军区副司令员罗瑞卿一起，在前线指挥部面见了罗历戎。聂荣臻和罗历戎谈了很多话，其中一些细节颇有意思。

聂荣臻问罗历戎：“你的第三军还有北伐时的那种气势吗？有打孙传芳那时候的气势吗？”

罗历戎答：“没有了。”

北伐，是黄埔师生第一次走上战场。这是一场正义之战，官兵同仇敌忾，北伐军战斗力顽强，所向披靡。

和罗历戎一起被俘的黄埔学生，还有黄埔一期生、副军长杨光钰，黄埔三期生、军副参谋长吴铁铮，而陪着聂荣臻的罗瑞卿则是黄埔六期生。就像老师讲了一课，罗历戎等人低着头，觉得很没脸面。

聂荣臻没有责难，而是鼓励他们加强学习，重新回到正义队伍里。前线指挥部似乎变成了当年的黄埔课堂，聂荣臻告诉他们什么是正义之师，举例说我军队伍在行进时，是挤着两侧老百姓的送别队伍“艰难前行”，百姓送吃送喝络绎不绝；而国民党军队却遭冷枪打击，百姓还将鞭炮在油桶里点燃进行骚扰，也是“艰难前行”，“群众对双方军队的态度，决定了战争的胜败”。

罗历戎等人连连称是。罗历戎在 1960 年 11 月 28 日特赦后，做了很多有益的工作，于 1991 年 7 月 6 日病逝。

市长给老百姓拜年

1947 年 11 月 21 日，新成立的中共石家庄市委第一次市委会会场

1947 年 11 月 13 日，也就是石家庄解放后的第二天，石家庄市政府秘书处工作人员邢燕被分配到当时的晋察冀边区石门市政府秘书处，开始了新的工作。

刚刚解放的石家庄百废待兴。国民党统治时期，民生凋敝，粮价一日三涨。石家庄解放后，当时的中共石家庄市委、市政府、卫戍司令部把“解决市民的温饱缺粮、保障群众的日常生活”列为首要任务，委托晋察冀边区贸易局紧急从解放区调运粮食 120 万斤、食油 10 万斤、食盐 30 万斤，免费发放给市民。很快，学校复课、工厂开工、商店开始营业，各行各业相继复业。解放几天后，邮政和电话就恢复了，1948 年 1 月 5 日，自来水供应也恢复如常。

刚解放的三个月里，大家吃的都是小米干饭，小米里还会有沙子，难以下咽。唯一的菜就是带着冰碴的胡萝卜，切成丝，撒点盐，放到大盆里拌一拌。直到 1948 年春节，大家才吃上了白面饺子。那真是无上的美味啊！

那年春节吃过饺子后，当时的市长柯庆施带领警卫员以及邢燕、黄克等秘书科的十几名工作人员，来到市政府周边的商店，还有石门照相馆、华兴电料行、北新书局等地，给大家拜年。随后，一行人又来到几十户群众家，给普通市民拜年。市民争着跟市长握手，不少人激动地说："从来没听说过市长给老百姓拜年！"而清理战后的断壁残垣，则是广大人民群众的功劳。那时，市政府号召全市各行各业群众，投入到清除两道环市区壕沟、明碉暗堡、街道掩体工事等行动中。一时间，到处人流如织、铁锹飞舞，三个月里清除沟壕碉堡 6000 多处。之后又开展了结合土改、分田到户的工作。日寇侵占八年、国民党统治两年，饱受战争蹂躏的石家庄，终于焕发了新的气象。

边 区 创 举

朱德题词的“边区创举”牌匾

西柏坡时，中央工委非常重视华北地区的军工生产和经济建设，在平山县的北治、罗汉坪一带建了许多兵工厂。但是由于地处偏远的太行山区，当时没有发电站，军工厂的工人们只能靠手摇、手动来带动设备运转，这大大降低了生产效率。为了解决生产动力问题，经晋察冀解放区政府批准，决定利用当地的水源建一座发电站。

经工作人员精心勘测后，发现沕沕水有一个天然瀑布，落差为89米，水流量为0.3立方米/秒，可发出150千瓦/小时的电，很适合建一个小型水力发电站。恰巧这个数字和解放井陉煤矿时缴获的一台德国造的发电机的发电量刚好吻合，这就为修建水力发电站提供了更为有利的条件。

1947年6月21日，沕沕水发电站正式破土动工了。但在那个战火纷飞的年代，设备、资金、材料都非常短缺，尤其是没有专门的技术人员，建一座水力发电站谈何容易？

没有技术怎么办？边干边学。由于我们的同志从没搞过这些东西，一时不知从哪儿入手，所以一开始，工作人员就先用木棍照着样子组装风车。同时派了几名工作人员化装成要饭的到石家庄旧书摊上找，结果发现了有关日本修电站技术的书籍，就想法子弄了回来。这些资料的收集为修建电站提供了重要的依据。

材料都是东拼西凑来的。有时候，为了一个小小的零件，常常要走几十里的山路，到井陉、石家庄等地去找。一种零件常常是几个地方找来的，有的大，有的小；导线有的粗有的细，有钢丝、铝丝、铜丝，还有从战场上拆下来的敌人的铁丝网，还需要将其捋直、并股，给架线工作带来了很大的麻烦。但没有一个人叫累，没有一个人喊苦。

人手太少怎么办？不用号召，也不用集合，周围四村八乡的人们沿着蜿蜒的山路从四面八方向这里汇集而来。有身强力壮的小伙子，有朴实俊俏的大姑娘，他们带着自家的铁锨、镢头、土筐等工具加入了建设者的行列。大家心里都明白，建这个发电站是一件大好事，是为了早些打败蒋介石，是为了早一天过上安生的好日子。

功夫不负有心人，1947年12月31日，整个发电站竣工了。

1948年1月15日，沕沕水发电站试机一举成功。朱德总司令乘吉普车专程从西柏坡赶来，参加了水电站的落成典礼。他在讲话中指出："现在，我们修建这个发电站，能够帮助军火生产，将来还能够帮助农村建设，是属于社会主义建设的一部分……"

剪彩仪式结束后，朱总司令亲手合上了水电站的总闸。霎时，浪花飞溅，机器轰鸣，发动机组的机器有节奏地旋转起来，室内、室外灯火通明，用彩色灯泡组成的"支援前线"四个大字，依次亮了起来。人们欢呼

1948 年 1 月 15 日，沕沕水电站外景

起来：“有电了！咱们有电了！”

1948 年 5 月，党中央、毛主席来到西柏坡后，工人们又架设 27 公里线路，把电送到了西柏坡中央大院。从此，中央大院里有了电灯，这为党中央指挥全国的解放战争和筹划新中国的宏伟蓝图提供了很大的方便。

董老学纺线

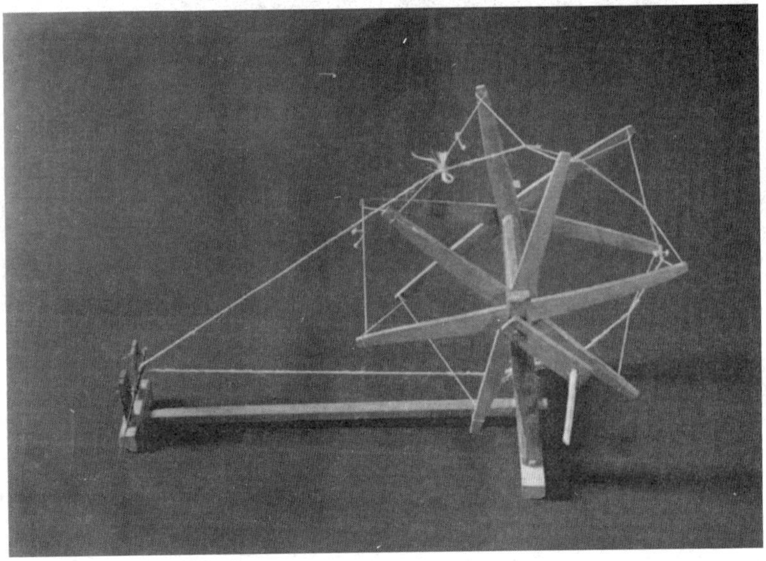

董必武夫妇在西柏坡用过的纺车

在西柏坡中央大院旧址里，有这样一所民宅，一到春天，院内杏花飘香，海棠绽放，翠竹吐绿，高雅脱俗的风致，显示了主人不凡的情趣。这就是董必武同志在西柏坡的住所。

走进寝室，最吸引人视线的是一方普通的北方农家土炕。土炕的一侧，端端正正地放着一架纺线车。这架纺车与农户家中的纺车并无两样。一根一米来长的横轴，一端为绕线的锭子，一端为直径约两尺的纺轮。这就是当年董必武和夫人何莲芝在西柏坡用过的纺线车。

1947 年 5 月，董必武随同中央工委来到西柏坡。当时董必武已经 60 多岁了，所以人们都称他为董老。西柏坡的生活条件虽比延安时期有所改善，可军民生活仍不富裕。为减轻农民负担，夺取人民战争的最后胜利，中央领导带头从事生产劳动。董老的夫人何莲芝早在延安时期就是纺线能手，曾被评为陕甘宁边区的劳动模范。时任中共中央政治局委员、华北人民政府主席的董老不顾60 多岁高龄，抽出时间来向老伴学纺线。由于是初学，手总是不听使唤，车摇快了，线拧得太紧，抽也抽不下来；摇慢了，线拧得太松，又容易断。夫人手把手地教，董老时快时慢地摇着车。他纺的线一会儿粗了，一会儿细了，一会儿又断了。渐渐地，董老的额头上沁出了点点汗珠，便随口吟了两句诗：“捻线巴掌握手拳，看时容易做时难。”惹得老伴哈哈大笑，老伴心疼地劝他：“先歇歇吧！歇一会儿再纺。”

董必武和夫人何莲芝在西柏坡

功夫不负有心人。经过一段时间的练习，董老终于学会了从棉花打弦儿的方法，装锭的高低，摇车与抽线的均匀配合，直到接茬、接头儿的全套技术。他把一条条均匀的线儿抽出来，上到穗子上，最后，像萝卜一样大的一个胖乎乎的线穗就从飞旋的锭针上摘下来了。何莲芝在一旁看着，十分高兴，情不自禁地随着董老有节奏的纺线声唱起了那首在延安时就流行的《纺车谣》：“小小的纺车吱扭扭地转，摇起了纺车纺线线……”

今天，当我们看到这架小纺车时，眼前总会浮现出董老学纺线的情景，耳旁总回响着纺车纺线时吱呀吱呀的声音。董老日理万机，却不搞特殊，和大家一起辛勤劳作、支援前线的高尚品质，永远值得我们学习。

如今，小纺车已退出历史的舞台，可它在战争年代所发挥的巨大作用却名留青史。当年，人民群众正是用这样的小纺车纺出细细的棉线，织成粗布，做成军装，送上前线，激励着我们的战士英勇杀敌，解放全中国。

为什么叫“中国人民银行”？

董必武等从陕北来西柏坡途经龙泉关

西柏坡时期，中共中央决定开展货币统一工作，建立中央银行，这事由华北财经委员会主任董必武负责。

实际上，早在往西柏坡走的路上，董必武就萌生了统一货币的想法。1947 年，五大战略区财经要员齐聚现在的河北省武安县参加华北财经会议。为统一思想，中央派遣董必武前往指导会议。当董必武等人走到山西省五台县的时候，携带的干粮吃完了，通信员就去旁边的小店买烧饼。可说了半天，小店只收晋察冀边区银行发行的货币，不收陕甘宁边区银行发行的货币。无奈之下，只能用带的新布料换了两个烧饼充饥。正是这件事，使董必武深受触动，感到统一货币的必要性和迫切性。货币不能流通，不仅严重影响到商业活动，影响边区生产和百姓的生活，而且对解放军大兵团流动作战以及支援前线也十分不利。因此，董必武领导的华北财经办事处明确规定了工作职权范围、工作任务和组织设置，其中第五项任务即“掌握各个解放区的货币发行”“筹建中央财政及银行”。上报中共中央后，很快获得批准。

华北财经会议会址

各个解放区都非常关注货币的统一，纷纷致电建议迅速成立统一的银行。那这个银行应该叫什么名字呢？华北财办向各解放区广泛征求意见，时任晋察冀边区银行副经理的何松亭关于叫“中国人民银行”的建议，一下子引起了大家的共鸣和赞许。

何松亭何许人也？他是辽宁省昌图县人，早年赴英国剑桥大学勤工俭学，对金融颇有研究。抗战以前他在白区从事党的秘密工作，担任天津法商学院教师并在天津边业银行兼职，精专银行业务。当他了解到即将建立的是一个全国性的银行时，这位晋察冀边区银行的副经理精神一振，经过深思熟虑，马上致电中央说：“我们的政府是人民政府，我们的军队是人民军队，那我们的银行就应该叫人民银行。”

在广泛征求大家的意见后，董必武也十分赞同何松亭的建议，并明确表示：今天的解放区人民政府就是将来的人民共和国政府，今天创建的中央银行就是将来的人民共和国的中央银行，所以银行名称叫“联合银行”“解放银行”或“全国解放银行”均与将来的发展不相适宜；用“中国人民银行”这个名称，既表示这是人民的银行又有别于蒋介石政府的中央银行，也不失将来作为新中国国家中央银行名称的格局。

1947 年 10 月 2 日，董必武专门致电中央，建议“组建中央银行，发行统一货币”，并提议银行名称拟定为“中国人民银行”。10 月 8 日中央复电董必武，在电文的第四个问题中提出：“银行名称，可以用中国人民银行。”

1948 年

公家的孩子

中央机关小学部分学生在西柏坡的合影

1948 年 5 月，中共中央从陕北东渡黄河来到西柏坡，随同中央机关来到这里的还有八十多个孩子。这些孩子有的出生在烽烟滚滚的长征路上，有的诞生在敌人的监狱里，也有的刚刚生下来，他们的父母就牺牲在炮声隆隆的战场上，或是被敌人杀害在集中营里。他们从延安转移到西柏坡时，年龄最大的只有 14 岁，最小的才 6 岁，被称作“公家的孩子”。

同年冬，中共中央在西柏坡附近的下东峪村建立了供给部小学，简称“供小”。这些孩子大部分在“供小”读书。后来，有14名孩子到西柏坡中共中央大院里读书，如毛泽东的女儿李讷、任弼时的儿子任远远、董必武的儿子董良羽、王若飞的儿子王兴、彭真的儿子傅锐、王明的儿子王明明、胡乔木的女儿胡木英、伍云甫的儿子伍绍祖、杨尚昆的儿子杨绍明、廖鲁言的儿子廖仲武、叶子龙的女儿叶燕和叶利娅、周少林（毛泽东的炊事员）的女儿周燕、仲步云（周恩来的司机）的女儿仲小兰等。

这些孩子从没有优越感。他们懂得，父母献身革命，对革命有贡献，人民尊敬他们，这是他们的荣誉，做儿女的应该向父母学习，而不应躺在父母的功劳簿上贪图享乐，更不能以父母的荣誉来夸耀自己。

当时，由于时局动荡不安，战事频繁，他们的学习条件也很艰苦。学校是借老乡的几间土房，用土坯砌起几排土台子，上面搭个木板，便是课桌和凳子。冬天没有暖气，就在太阳底下学习；夏天没有电扇，就躲在树荫下。学习用具也很少，发到手里的纸笔，他们都不舍得用，所以经常是席地而坐，大地作纸，树枝当笔，跟老师学知识。课余，他们常到田里学习农活；夏天，他们还经常到滹沱河边摸鱼、捞虾，在嬉戏打闹中培养了劳动观念。

西柏坡中央机关小学旧址

小学校教室内景

当时，师生实行的是供给制。虽然西柏坡时期比延安时期条件有所好转，但他们的生活还是比较艰苦的。为了照顾孩子们的身体，中央机关每月为他们调配一定数量的大米和小米，供应一些土豆、萝卜和南瓜。过年过节，机关还为他们改善伙食。师生穿的衣服由供给部发给，自己洗涮和缝补，他们都很爱护。他们还用兰草和布条打草鞋穿，艰苦的生活使他们受到了很好的锻炼，同时也养成了艰苦奋斗、勤奋学习的学风。

1949 年 3 月 23 日，是党中央离开西柏坡进京的日子。这些历经磨难、从战争硝烟中走来的孩子们也兴高采烈地收拾好自己的行装，愉快地踏上了进京的路程。

新中国成立后，西柏坡中共中央机关小学和下东峪中央供给部小学由中央办公厅直接领导，定名为中共中央直属机关育英小学。1971 年，学校增设中学部，定名为育英学校。

董老骑马

董必武一家在西柏坡

董必武在西柏坡住了近两年的时间，当时任华北人民政府主席、华北财经办事处主任等职。虽然年纪大，但他还是坚持经常视察工作，而且每次出去，只愿骑马，不愿坐车。他的这一嗜好，让他身边的工作人员感到很纳闷，难道董老是怕晕车？还是另有他故？

1948 年春天的一个上午，警卫员小刘陪着董老到外地视察工作。董老骑着马悠然地走在为了抄近道儿而走的羊肠小路上。这路真难走，又陡又窄，路的一侧还是一道很深的沟。小刘小心翼翼地牵着马，一边跟董老聊天，一边伸长脖子眺望着远处。

当走进一道山沟时，突然山里传来了“咔”“咔”的砍柴声，这突如其来的声音把董老骑的枣红马惊得两耳一竖，头一扬，“咴——”一声惊叫，前蹄就跃了起来。慌忙之中，小刘急忙回头一把抓住马笼头，双手使劲一勒，才避免了一场事故的发生。

傍晚时分，小刘才陪着董老回到了西柏坡。帮董老安顿好之后，小刘回到了自己的宿舍，几个同宿舍的好友马上围过来要小刘讲自己的所见所闻。小刘却一反常态，没有像往常一样绘声绘色地高谈阔论，而是拍着胸口连声说：“真后怕呀！”接着把路上马惊的事说了一遍，舍友们听了都很吃惊。这个说：“首长这么大年纪了，不适合再骑马了，应该坐汽车。”那个说：“已经给首长配备了汽车，可他就是不坐！”这时，“小机灵”小韩突然想出了一个主意，大家听了都拍手称好。

第二天，董老又要下乡视察工作了，像往常一样又招呼小刘备马，小刘答应着跑开了。可等董老收拾好出门一看，却不见有马。这时，小刘气喘吁吁地跑了过来。

董老问：“马呢？”

小刘躲闪着董老的目光：“还没喂饱呢。”

这时，司机开来了吉普车，大家都异口同声地对董老说：“首长，你今天就坐车去吧！”大家多么希望董老痛快地坐上车呀。可董老环视一下大家，却笑了，慈爱地看着他们说：“我呀，今天事情不急，先出个题考考你们。”

接着，董老招呼大家围成了一个圈，他说：“假设咱们那三匹马，每匹每天吃25斤草料，它们一年能吃多少斤？”大家有的心算，有的笔算，很快都准确地算出来了。

董老又说：“假设吉普车跑一公里用3两汽油，每天跑50公里，一年要用多少油？”这次，机灵的战士们终于明白了董老给他们出这两道题的用意了，谁也不算了。他们沉默了一会儿，用力地点着头说：“首长，我们明白了，汽油又缺又贵，骑马比坐车省多了。”

董老笑着说：“当然了，不过你们还得想想，车停着，既省油又减少机器零件的磨损。那三匹马呢？要让它们都闲着，如果不喂草料，恐怕就饿死喽！”

这时战士们都懂了，董老既不是怕晕车，也不是为其他的，而是为了节约呀！小刘什么话也不说了，乖乖地把马牵了过来，陪董老去视察了。

电影院里的会议

华北临时人民代表大会会场

在河北省石家庄市中山西路路南有个民间工艺博物馆，博物馆四层已开辟为“华北人民政府成立大会会址纪念馆”。老人们都还记得刚解放时这里叫“人民礼堂”，20 世纪 70 年代这里是“人民电影院”，一座充满城市荣誉的红色建筑，是新中国最早的人民政权的诞生地。

1947 年 11 月 12 日华北重镇石家庄解放。石家庄从水深火热的国民党统治下回到了人民怀抱。仅仅九个多月后，1948 年 8 月 7 日至 19 日，中国历史上具有里程碑意义的华北临时人民代表大会冒着国民党飞机空袭轰炸的危险，在这里秘密举行。影院在日伪时由日本石门商会督建，相当坚固，封闭性好，与会领导十分满意。会议选举产生了由董必武、聂荣臻、薄一波等 27 人组成的华北人民政府委员会。

虽是初秋，石家庄依然暑热未消，新生政权在这里召开“生产会议”。让人费解的是，进入影院的人们，只有走到门口时，才戴上“代表证”，出门时又马上摘下证件。而且会议总是在夜间举行，大热天门窗紧闭，拉着厚厚的窗帘，门口还有荷枪实弹的军人站岗，这为会议增添了一层神秘色彩。市民们揣摩这是什么会议，这样神秘兮兮的？

華北人民政府佈告

此佈

主席 董必武

副主席 薄一波 藍公武 楊秀峯

中華民國三十七年九月二十七日

《华北人民政府布告》

原来，当时为了保密和代表们的安全，在人民电影院召开的华北临时人民代表大会对外称作“石家庄生产会议”。这个电影院自此成为新中国新政权的奠基之地，也是我党由农村包围城市转化为以城市为中心，如何执掌政权、建设好人民城市的试验之地。

就在会议临近结束的一天夜里，国民党飞机轰炸会场，炸弹在离会场二三百米的花园街一带爆炸，死伤无辜市民多人。此时代表们正在投票选举，我党我军的高层领导董必武等同志都在现场。一声巨响，代表们感到脚下和楼房都在震颤，房土粉尘直往下掉，电灯熄灭，会场顿时一片漆黑。大会秘书长陶希晋高喊：“大家镇静，原地不要动！”那些久经战火洗礼的代表们意识到是敌机夜间空袭，都安静地在自己原来的位置上并不慌乱。过了十来分钟，电灯亮了，代表们有条不紊地继续投票。当华北人民政府宣告成立时，全场掌声雷动，一片欢腾。

出于安全考虑，1948 年 9 月 24 日，新诞生的华北人民政府第一次委员会转移到平山县王子村举行。王子村紧挨着西柏坡的党中央，又是唐末潞王的故里，青砖旧房鳞次栉比，透出古韵悠悠。会议选举董必武为华北人民政府主席，薄一波、蓝公武、杨秀峰为副主席。

董必武在华北人民政府成立时讲话

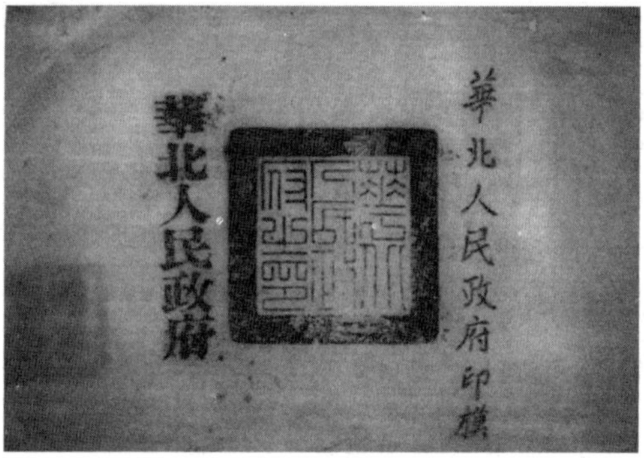

华北人民政府印模

9 月 26 日，董必武率全体干部在王子村一排平房的“官署”办公就职，启用华北人民政府印章开始工作。

第一套人民币

第一套人民币 00000000 号

华北人民政府受中央委托，尽快建立起统一的银行，发行统一的货币。而这货币到底是什么样的，关于人民币的图案以什么为主题、由谁进行设计等，成为当时迫在眉睫的事情。

因为当时解放区的专业人才奇缺，要组成一个整体的设计班子十分困难，所以经过多方调查、询问、对比，最后确定人民币图案由晋察冀边区印刷局的王益久和沈乃镛设计。王益久原是旧政府的图案设计人员，张家口第一次解放后参加革命，在晋察冀边区印刷局担任图案设计工作。他先后设计过晋察冀边区银行纸币、冀热辽版边币、中州农民银行纸币、西北农民银行纸币等。大伙都说，在设计货币图案时，王益久善于动脑筋思考问题，设计稿经反复修改，直到图案表现得精细、恰当、完整后，才拿出来给其他同志看，请大家提意见，尔后再进行修改，直到大家都满意了，才开始绘画制作。和王益久长期合作的沈乃镛也是一名艺术水平较高的票版设计师，两人配合默契，相得益彰。两人设计的图案，线条运用灵活讲究，明、暗、深、浅的层次均匀、精细，效果明显，深受大家的赞誉。

接受此次任务后，以王益久为主，负责人民币票版正面设计；沈乃镛为辅，负责票版背面设计。作为设计师，他们考虑到要发行的是全国统一的人民币，又出于对毛泽东主席的敬爱之情，所以首先想到把领导人毛泽东的头像印上去。因为根据国内外纸币设计的惯例，往往把执政党领袖或国家元首的头像作为券面主图，印在纸币上。殊不知，当第一次设计的票版报请中央审查时，却被毛泽东主席婉言拒绝了。

当时印币时用过的圆盘印码机

由谁题写人民币的字呢？南汉宸马上想到了书法很好的董必武。因为董必武是前清的秀才，写得一手好字。董老很高兴地接受了请求，每天在工作之余，特地沐浴更衣，怀着无比庄重和虔诚的心情，工工整整地练习写字，在一张张宣纸上横着、竖着写出了整齐、美丽的小楷书法——“中国人民银行”“壹贰叁肆伍陆柒捌玖拾佰仟万”“圆角分”“一二三四五六七八九十年”等字样。经过多天的书写后，董必武才挑选出自己认为最满意的字，送给印刷局。

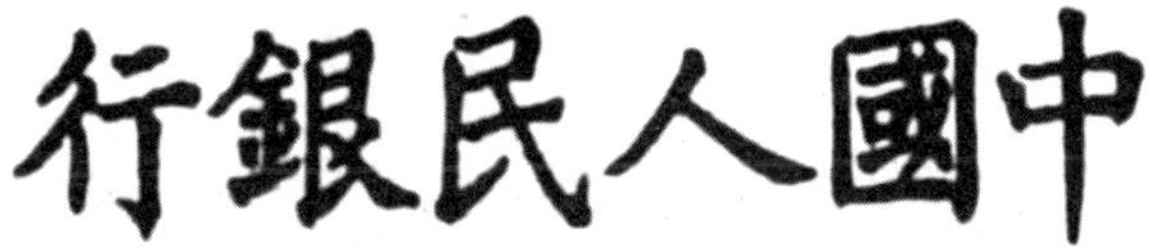

董必武在西柏坡题写的中国人民银行行名

1948 年 8 月初，首批人民币样稿顺利完成。8 月 21 日，华北银行总行上报中央，对人民币的发行比价、票版面额、发行时间、发行步骤、发行数量、印制计划等问题都做了详细报告，并附有 5 个品种、7 种版别的人民币设计样稿。此件最后由华北人民政府主席董必武带回西柏坡，经毛泽东、刘少奇、朱德、周恩来、任弼时等中央领导圈阅批准后，立即送往各印制局制版印刷。第一套人民币首批设计样稿中，有壹圆券（工农图）、伍圆券（帆船图）、拾圆券（火车站图）、伍拾圆券（水车运煤图）、壹佰圆券（有三种图案版别，即耕地图、火车站图、万寿山图）。直到现在，人民币的票面都沿用了这种工农业生产的结构，成为真正意义上属于人民的“人民币”。

惜别陕北

1948 年 3 月 23 日，毛泽东等在陕北吴堡县川口东渡黄河

1948 年 3 月 23 日中午，毛泽东、周恩来、任弼时等率中共中央和中央军委机关到达黄河西岸的吴堡县川口园子塔渡口。

自撤离延安转战陕北，历时一年零五天，行程 2000 余里，驻足陕北大地 38 个村庄，此时要离开了，前面是汹涌激荡的黄河，身后是陕北黄土高原，同志们都百感交集：在陕北战斗生活了十三个春秋，是这里的小米滋养了他们的生命，是这里的人民支持着中国解放事业。这里的一山一水、一草一木让人难舍难分。此刻，就要离开陕北了，怎能不让他们感慨万千？

这时，几个警卫人员走过来，请首长吃午饭。毛泽东、周恩来、任弼时等席地坐在河滩上吃随身带的干粮，喝附近老乡烧的开水。当地区、县干部看见首长们这么艰苦，深受感动，觉得没照顾好中央首长，心里很是过意不去，一再向各位首长表示歉意。毛泽东听了站起身来，面对前来送行的陕北老乡，无限深情地说："我知道咱们陕北的老百姓生活是很艰苦的，所以就没有事先让你们准备饭，我们打游击在外边吃饭惯了，这没什么关系。我知道陕北人民群众对我们很好，现在就要离开陕北了，还真有点舍不得。等全国解放了，我们还会来看望大家的，谢谢你们，谢谢陕北的乡亲们!"说罢，毛泽东向前来送行的老乡招手致意。

为防备敌机空袭，吃罢午饭就过河。毛泽东上船前，同送行的区、县干部和老乡握手告别。船已经离开黄河西岸好远了，他仍然站立在船上，挥动着双手向送行的人群致意。

刚起锚的时候，水面还比较平静。可越往前行，水面越不平稳了。船划到河中间，水面上骤然发生了变化，滚滚的巨浪夹杂着磨盘大的冰块，咆哮着，横冲直撞。小小的木船，忽而被推上浪尖，忽而又被卷入巨浪之中。冰块把小船撞得"咯吱咯吱"直响，船颠簸得很厉害。警卫员怕出危险，都紧靠着毛泽东站着。毛泽东说："你们放心，船工们的本领是很高明的。"的确，几个船工熟练地划动着双桨，巧妙地挥动着杉篙，他们齐声喊着"嗨哟，嗨哟……"，拍浪推水前进。尽管水势很急，木船难行，但毛泽东仍然兴致勃勃。他对支队参谋长叶子龙说："怎么样？以陕北为背景，给我照一张相吧。"叶子龙同志说："好，照一张。"说完，拿出照相机，就给毛泽东照了一张相。毛泽东笑着说："好啊！把陕北的人民，陕北的山水照下来，这是一个很好的纪念。"船继续前进，船工们经过半个小时左右紧张而顽强的搏斗，绕过许多冰块，终于使船冲出了激流。

这时，毛泽东站在船上，望着对岸的人群，望着陕北一座座大山，深情地说："陕北是个好地方，陕北人民对我们太好了。我现在和撤离延安时一样，还是不愿意离开陕北。但是，我们不能再提出'不打败蒋介石，我就不离开陕北'。如果这么说，那就不切合实际了。"

毛泽东路过五台山

1948 年 3 月 23 日，毛泽东率领中共中央机关告别陕北，经晋西北、晋东北挺进河北省平山县西柏坡。4 月 9 日傍晚，因大雪阻路，毛泽东、周恩来和任弼时一行登上五台山峰巅鸿门岩，当夜就宿于台怀镇塔院寺方丈院。

五台山塔院寺

五台山是中国四大佛教名山之一，举世闻名。毛泽东深谙中国历史文化，早就想一睹为快。今日行军至此，天赐良机，而且时值全国胜利在望，他更是兴致勃勃。在上山的路上，毛泽东想着往事，禁不住大笑起来。任弼时被他的一阵笑声搞得莫名其妙。毛泽东对他说："寺庙是中华民族文化遗产，我们应当引以为自豪。我们去年转战陕北时，还到过佳县的白云观，这次来五台山，大可一饱眼福！"

两人边说边朝塔院寺方丈院走来，提前到达的周恩来等早已为毛泽东安排好食宿。毛泽东下榻的里院北屋，炕上铺一床军被，地上搁一张木桌，一把木椅，桌上摆放一方砚台、一个笔筒，桌炕之间放一个取暖火盆，上边放着一只铜茶壶。四月的五台山，入夜很冷，毛泽东一边用饭，一边烤火，还捎带翻阅着一本经书。

一会儿，老方丈由一位小沙弥陪同来到毛泽东居住的院子，警卫员及时转告，毛泽东急忙走出屋子笑迎方丈。方丈合十行礼道："打搅贵人了，贫僧不安得很。"毛泽东回答："哪里哪里，是我们打搅贵寺了，请多原谅。"

说话间，方丈和小沙弥走进屋来。毛泽东给二位让座。方丈忽然发现桌上有一本翻开的经卷，吃惊地问："怎么，贵人也读经书？"毛泽东一笑，将佛经送给方丈道："随便看看。我是无神论者，不信神佛，更当不得什么'贵人'啊！"

方丈笑答："贵人信佛佛在，贵人不信佛佛自在。当得，当得，有何当不得呢！"毛泽东同方丈亲切地交谈，并详细地询问了五台山寺庙的建筑史，而且还颇有兴趣地向方丈打听鲁智深和杨五郎在哪个寺庙里当和尚。方丈笑而作答，并邀请毛泽东翌日观赏五台山胜境，自己甘当向导。

次日，吃过早饭，毛泽东、周恩来、任弼时和警卫员阎长林等由晋察冀军区保卫部部长许建国、晋察冀边区政府秘书长周荣鑫陪同，老方丈、小沙弥做向导，游览参观台怀镇诸寺院。

在众人簇拥下，毛泽东从塔院寺东门出来，见对面山墙上贴着一联诗句：劝君莫打三春鸟，子在巢中盼母归。毛泽东默念着，颇为赏识，问陪同的同志："这联诗是谁写的？"老方丈忙搭话："是老衲所写。"毛泽东略一沉吟道："这联诗应广为宣传。"又道："我们不是和尚，虽不以佛家慈悲放生的立场出发，但应知道自然界中的三春鸟捕捉害虫，是保护农作物和树木的益鸟。"

参观完寺庙，毛泽东信步来到台怀镇大街上，碰上一个摆摊卖烟的小商贩，便笑着打招呼："生意如何?"小商贩操着满口的五台话说："差不多。"当他看到对面这位高大的陌生人穿件单薄的旧棉袄时，反问："冻不冻?"毛泽东笑道："不冷。"小商贩又说："们（五台方言，即"我"）这里离了这羊皮袄可不行!"毛泽东学着他的五台话，说："来，们想买包烟。"小商贩被毛泽东的"五台话"逗乐了。毛泽东接过小商贩递的烟，正要付钱，一个地方干部走上前向小商贩说明了主席的身份。小商贩一个劲儿地躲着不肯接钱，激动地说："你让俺们过上了好日子，这包烟就算是俺们五台人民送给你的。"毛泽东和气地说："买卖要公平嘛！这是纪律。"经主席再三解释，小商贩才收下烟钱。后来，这个名叫董富财的台怀镇农民逢人便自豪地说："毛主席买我的烟还给钱哩。"

五台山毛泽东旧居

这一天，也就是 4 月 10 日，毛泽东、周恩来、任弼时率领中央机关人员离开五台山，继续东进，经石嘴、长城岭和晋冀两省交界处的龙泉关，进入河北省境内。5 月 26 日，毛泽东到达平山县西柏坡村，胜利地完成了这次伟大的战略转移。

粟裕三谏中央军委

陈毅与粟裕在城南庄

1948年年初，中共中央、中央军委做出“打倒蒋介石，解放全中国”的战略部署，决定在南线要粟裕率3个纵队渡过长江执行宽大机动作战任务。为了筹划这个战略部署，毛泽东特地和同在陕北的陈毅当面商量，决定由华东野战军（简称华野）主力组建东南野战军，执行南进战略任务；成立中共中央东南分局。陈毅任东南野战军司令员兼政委；粟裕任副司令员兼副政委，又任东南野战军第一兵团司令员兼政委。粟裕率第一兵团三个纵队于1948年夏季或秋季先行渡江南进作战，1949年二三月间由华野另外三个纵队组成的第二兵团随后过江。

粟裕持有异见的“子养电”到了中央军委后，毛泽东对粟裕的这份电报十分重视，手持毛笔，逐句圈点，然后送周恩来、任弼时、陈毅传阅，并批示“再送毛”。周恩来批示：“请陈毅考虑，粟所提各项问题，是否需再议一下？”但中央复议结果：维持原决策不变。五天以后，也就是1月27日，中央军委正式下达命令，要粟裕率三个纵队渡江，并强调采取这个战略行动，是要使敌人改变集中兵力于中原的部署。中央对南进提出了三个方案，要粟裕“熟筹见复”。

粟裕经过三天缜密思考，1月31日他再次向中央军委发去了长达2000字的电报。电报认真回答了中央军委要求“熟筹见复”的关于渡江南进的几个问题，同时重申他在“子养电”中已经详细阐述的观点。毛泽东对粟裕坚持的意见更为重视。陈毅原定2月1日离开陕北返回华东，毛泽东把他留下来再次共同研究粟裕的电报。研究结果认为派重兵南进，最能调动中原蒋军主力去江南，扭转中原战场局面，发展战略进攻，仍坚持原来的决策不变。毛泽东当夜给粟裕发电，指示部队休整一个半月，3月下旬出动；华野其他各纵队配合刘邓大军作战，采取粟裕提出的“忽集忽分”战法，机动歼敌。粟裕接到电报即率部北渡黄河，到河南濮阳地区休整。后来，中央军委根据全军统一部署，指示粟部休整到5月15日，然后执行南进任务。

粟裕一直没有停止原来的思考：是分兵渡江南进，还是留在中原集中力量打大歼灭战，究竟采取哪种战略行动才能确有把握地实现我们的战略目标呢？这时陈毅从陕北返回华东来到濮阳。粟裕两次把自己的思考向陈毅详细汇报，又发电征求刘伯承、邓小平的意见。4月18日，粟裕再次向中央发电，“斗胆直陈”华东野战军三个纵队暂不渡江南进、集中兵力在中原黄淮地区打几个大规模歼灭战的战略构想。

此时毛泽东已率中央机关东移到达河北省阜平县城南庄。毛泽东接到粟裕电报后更是关注，即于21日复电陈毅、粟裕，请他们来中央当面“商定行动问题”，25日又致电在西柏坡的刘少奇、朱德、周恩来、任弼时，提议召开中共中央书记处会议，重要议题之一就是研究“陈粟兵团的行动问题”。

陈毅、粟裕于4月29日抵达西柏坡，第二天就随刘少奇、朱德、周恩来、任弼时到阜平县城南庄。这是粟裕1931年与毛泽东分别后第一次见到自己敬重的领袖。毛泽东也很激动，大步走到门外迎接，与粟裕长时间热

中共中央书记处在城南庄召开会议。图为城南庄会议旧址

烈握手，兴奋地说："我们的英雄回来了！欢迎你。"毛泽东有个习惯，接待和会见党内的同志，从不出门迎接，这次是个破例。

中共中央五大书记会合后的第一次书记处扩大会议，就在这一天召开了，第一个议题就是集体听取粟裕汇报。粟裕详细对比两种战略行动的优劣，既有对当前全国政治、军事形势的科学分析，也有对历史经验教训的认真总结。他认为，三个纵队过江，既达不到调动敌人回防江南的目的，又削弱了我军在中原战场打大歼灭战的力量。三个纵队过江以后长途转战，估计要有五六万人的减员，以这样多的减员，在中原战场可歼敌三至五个军。粟裕向中央军委有理有据地阐述华野三个纵队留在中原集中兵力更大规模歼灭敌人的有利条件和深远意义。

1948年，粟裕同朱德等在城南庄合影。左起：薄一波、蔡树藩、李先念、粟裕、彭真、朱德、陈毅、聂荣臻

毛泽东听了粟裕当面的汇报和阐述，觉得他的意见符合全国和中原战场的实际情况。中共中央经过认真研究决定，华野三个纵队暂不过江。但强调渡江南进是中央坚定不移的既定方针，只有渡江南进才有全国的胜利。5月5日书记处会议尚未结束，毛泽东就为中央军委起草电报，向刘伯承、邓小平和华东局通报中共中央书记处扩大会议的决定，以中央军委命令的形式，正式确定华野三个纵队暂不渡江南进，继续留在中原作战。与此同时，中央决定调陈毅到中原军区、中原野战军工作，陈毅在华野的党政军职务由粟裕代理。

“五一”口号发布

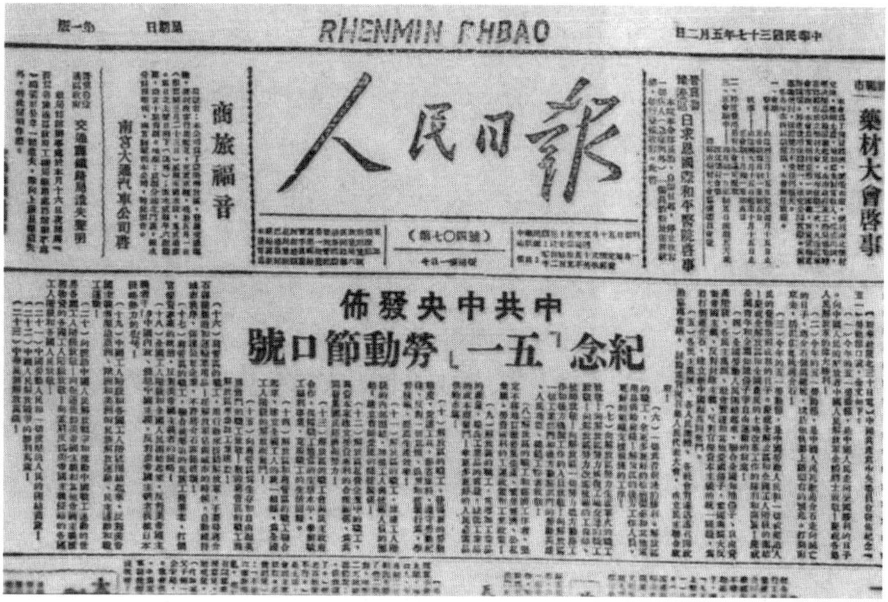
人民日報

中共中央發佈

紀念「五一」勞動節口號

《人民日报》刊登中共中央发布纪念“五一”劳动节口号

1948 年 4 月 11 日，毛泽东一行抵达晋察冀边区党政军领导机关所在地城南庄。在这里，毛泽东考虑随着革命形势的发展，已是对外公布共产党人政治主张、提出新中国政权蓝图的时候了。

历史往往有着惊人的巧合。时任新华社社长的廖承志，当时率队驻扎在太行山区涉县的西戎村，想到按惯例，每年的这个时候，中共中央都会通过新闻宣传部门——新华社，对外发表宣言、口号，刊发文章、社论。

去年“五一”国际劳动节，毛泽东写的一篇评论，庄严地宣告蒋介石已陷入全民的包围之中，收到了良好的效果。今年“五一”中共中央是否还有话要说呢？于是，他致电请示中共中央。电文很快传到了西柏坡，当即引起毛泽东和周恩来等中共中央领导人的高度重视。时机成熟了，条件具备了，又恰逢重大节日，于是，中共中央立即着手起草“五一”口号。

当时的中共党内，既有像毛泽东、刘少奇式的伟大的马克思主义理论家，也不乏像胡乔木式的功底厚实的理论工作者。因此，“五一”口号在毛泽东的秘书胡乔木执笔下很快起草完毕。“五一”口号初稿一共24条，内容主要是在“五一”国际劳动节来临之际，向各方面的致敬和问候。口号的最后两条是欢呼毛主席万岁和中国共产党万岁。

《纪念“五一”劳动节口号》的初稿拟成后，毛泽东征询了在城南庄其他中央领导同志和在西柏坡的四位书记的意见。同时他字斟句酌地看起来，目光盯在口号的第五条和最后两条上。原稿第五条是：“工人阶级是中国人民革命的领导者，解放区的工人阶级是新中国的主人翁，更加积极地行动起来，更早地实现中国革命的最后胜利！”毛泽东将其改为：“各民主党派、各人民团体及社会贤达，迅速召开政治协商会议，讨论并实现召集人民代表大会，成立民主联合政府。”可以看出，毛泽东对此进行了深思熟虑的设想：通过召开政协，实现召集人大，最后成立政府……“五一”口号第五条建议的“迅速召开政治协商会议”，实际是建立新中国政权的第一步。将第23条“中国人民的领袖毛主席万岁”划掉。将第24条“中国劳动人民和被压迫人民的组织者，中国人民解放战争的领导者中国共产党万岁”改为“中华民族解放万岁”。这样，修改后的“五一”口号，一共23条。

毛泽东对“五一”口号的发布非常重视。据时任《晋察冀日报》社长兼总编辑的邓拓回忆说：“4月30日，我接到紧急通知，要我赶到城南庄参加一个紧急会议。当时，《晋察冀日报》驻在新房村，离城南庄只有一公里远。我见到主席后，主席紧紧地握住我的手，兴奋之情溢于言表。主席亲自把《纪念“五一”劳动节口号》手稿交给我，让我拿去打印。为了慎重起见，将手稿打出清样后，我又交送主席审阅。4月30日深夜，主席亲自审改后，于5月1日在《晋察冀日报》第一版头条位置发表，共23

条，口号上方还端端正正地印了毛泽东的侧身头像。”

同一时期，新华社广播电台和晋察冀机关报《人民日报》也进行了广播和刊发。历史在这里悄然定格，这一口号也成为一个丰碑式的标志，开创了中国共产党人与民主党派和无党派人士长期合作的先河。

中共中央发出的“五一”口号很快传遍了海内外，引起巨大的反响。各民主党派和人民团体纷纷发表声明和讲话，热烈响应和赞同中国共产党的主张。

在香港，沈钧儒先生说：“蒋介石召开伪国大，举国唾弃，天怒民怨。而中共‘五一’口号一呼而天下应，足见召开政治协商会议成立联合政府，是一切民主党派和民主团体及全国人民的共同愿望啊！”

城南庄遇险

国民党飞机轰炸城南庄时留在柱子上的弹洞

1948年5月18日早晨，工作了整整一夜的毛泽东，刚吃了安眠药睡下，城南庄北山上突然拉响了防空警报，随后一架敌机在城南庄上空盘旋侦察，转了一圈后向北飞去，接着又飞来两架轰炸机。大家立即意识到敌人可能要来轰炸了。聂荣臻、赵尔陆和阎长林三个人立即跑向毛泽东的住处，请正在休息的主席快到防空洞去。毛泽东坐起来，若无其事，非常镇静，风趣地说："不要紧，没什么了不起！无非是投下一点钢铁，正好打几把锄头开荒。"紧急时刻人们把毛泽东扶上担架，一路小跑奔向房后100米处的防空洞。刚进去，敌机就向毛泽东住的院子投下了炸弹。门窗上的玻璃、屋里的暖水瓶被震碎了，鸡蛋也跌落在地上，门和屋檐的柱子上嵌进了许多弹片，军区司令部的几间房子被炸毁了，好在没有人受伤。这次敌机共投下五枚炸弹，其中有一枚没有爆炸。

事情发生后，人们都在思考，为什么敌机炸得如此准确，是偶然吗？聂荣臻等意识到问题的严重性，怀疑是有人走漏了消息。他立即指示军区保卫部部长许建国：肯定有坏蛋告密，你们要抓紧破案！保卫部门经过一段时间的调查，虽发现几个怀疑对象，但因缺乏充分证据，一直没有破获此案。直到 1948 年 11 月我军解放了河北保定后，通过查阅残留的敌伪档案，才揭开了案件的真相。

城南庄晋察冀军区司令部旧址

原来，军区司令部小伙房司务长刘从文在毛泽东等中央领导没来之前，就被大丰烟厂的副经理、国民党特务孟宪德收买。他们先是想把毒药放在聂荣臻等军区首长的饭菜里，刘从文因害怕被发现而未敢下手。毛泽东等中央首长到达后，他们除了向上级特务组织告密外，仍想方设法谋杀毛泽东。但由于晋察冀军区首长采取了严密的防范措施，还派可靠的厨师专门为毛泽东等中央首长做饭，因此他们的阴谋一直没有得逞。最后他们把毛泽东等住在城南庄的情报送到了保定的特务机关，后转报北平，致使敌机轰炸城南庄。案件破获后，经报请聂荣臻司令员批准，由华北军区政治部副主任张致祥主持召开公审大会，将孟宪德、刘从文执行枪决。

“这个总指挥部选得好！”

西柏坡中共中央旧址

毛泽东在其革命生涯中，涉足和居住过的地方不计其数。坐落在太行山东麓、平山县境内的西柏坡就是其中之一。1948 年 5 月，毛泽东与中共中央经过在陕北一年的艰苦转战后来到西柏坡，与先期到达这里的刘少奇、朱德、周恩来、任弼时会合，把西柏坡作为解放战争的指挥中心。从此，毛泽东住进了西柏坡村一户普通农家的小院里，开始了他在西柏坡的岁月。据叶子龙回忆：“到达西柏坡的第二天，毛泽东散步到柏坡岭，登高俯瞰西柏坡村，一座座黄土干打垒结构的院落点缀在青山绿水之间，中央机关大院与当地民房一样掩映在郁郁葱葱的柏树林中。毛泽东坐在一块石头上，用手里的木棍指着山下说道：‘西柏坡，果然是个好地方，这个总指挥部选得好！’”

毛泽东选择了和其他中央首长住房毗邻的一座农家院落。房子是西柏坡村民阎受朝的，分为前后两个小院。前院设有警卫值班室，西边是水房，水房与值班室相通。甬路西边有一个磨盘和一个猪圈。住在这里的警卫战士，为了保持院落的清洁，打算把它们拆掉。毛泽东得知这一情况后，叮嘱大家说：同志们，中国革命的形势发展很快，我们不会在这里住多久的，这些东西都不要拆掉，将来群众还要用的。就这样，夏日里，毛泽东和朱德、刘少奇等领导同志经常围坐在楸树下的磨盘旁商讨国家大事，从此便有了“磨盘上布下雄兵百万”的佳话。

在西柏坡的日子里，毛泽东是忙碌的。他夜以继日地工作，屋内如豆的灯火常常燃到东方发白。举世震惊的辽沈、淮海、平津三大战役，都是毛泽东在西柏坡这个小山村的土屋泥舍中指挥的。三大战役期间，毛泽东办公室的灯光常常是通宵亮着的，他在一间仅有16.3平方米的小民房里彻夜不眠地工作，为前线起草的指示电文有190份之多。周恩来曾风趣地说：我们这个指挥部一不发枪，二不发粮，三不发人，只靠天天发电报，就叫部队打胜仗。西柏坡的老乡们则赞颂道：屋内一盏明灯亮，窗外万树石榴红。在那些捷报频传的日子里，毛泽东偶尔也“奢侈享受”，那就是让厨师在粗茶淡饭中增加一碗红烧肉“犒劳”自己，以示庆贺。

毛泽东与夫人江青、女儿李讷

在繁忙的工作之余，他还时常到村外的田边散步，一边查看庄稼的长势，一边询问老乡收成如何、能不能吃饱等问题。他有时坐在院里的楸树下，一边纳凉，一边把身边的磨盘当办公桌写着文件。炎热的中午他还会到村外河边的小树林里午睡。当毛泽东得知当地水稻产量很低时，便向一位正在稻田里拔草的农民了解情况。得知当地农民种植水稻是直接播种，从而影响了水稻的收成后，他亲自向老乡讲述育秧插秧的办法，让他们来年可以试试能否增加产量。毛泽东对西柏坡当地水稻的种植一直十分关注，十年之后的1958年，他还亲自关照让西柏坡的老乡到水稻高产的涿州去学习种植经验。

处决黄寿发

1947年年底，在解放战争正酣之际，毛泽东下令处决了一位高级干部。这位被处决的解放军高级将领就是冀中军区参谋长黄寿发。

黄寿发，三十多岁，风华正茂，是老红军出身，参加过二万五千里长征。按冀中军区司令员孙毅的说法，他“打仗勇敢，立过战功，说话办事比较精干”。但是，这样的一个高级干部为何犯了错误呢？这得先从他来到冀中军区说起。

1946年7月，冀中军区班子进行改选，孙毅调任司令员，黄寿发担任参谋长。但是，黄寿发一来报到，和孙毅第一次见面就说“我不想当参谋长”。“上级派你来，你还是好好发挥吧！”孙毅说。结果，黄寿发找到老领导林铁给孙毅写了个条子，大意是：“黄寿发很不愿意担任参谋长，他有他的长处，一是能打仗，二是能管后勤。以我的意见，打仗时叫他去打，并分管后勤。”这个办法不错，孙毅同意了。

不久，军区有了战斗任务，孙毅于是派黄寿发率部出征，结果大获全胜。孙毅也很高兴，战后对黄寿发说：“你很会打仗，打仗上有什么事情，你可以不必请示我，直接向聂司令员汇报！”因为孙毅和军区党委的信任，黄寿发工作干劲很足，很有成绩，很快就打开了对敌斗争的新局面。谁知，与此同时，他也滋长了骄傲自满情绪，开始变得目中无人，甚至不把党纪军纪放在眼中了。

他在前线作战时，一般都是单独住在一个小院里。由于他与妻子何茵关系不好，家里雇了一个天津来的保姆，照料家务事。这个保姆长得漂

站立讲话者为黄寿发

亮，一次，何茵发现他与保姆有不正当的两性关系，要去军区告发。两人吵了起来。结果，头脑发胀的黄寿发竟然掏出手枪，把何茵当场打死，还伪造了一个自杀的现场。纸包不住火，军区保卫部门很快就查出了事情的真相，凶手黄寿发立即被逮捕了。

可是，对黄寿发如何处理？众人的意见并不统一。有人认为黄寿发会打仗，可以免于一死，让他戴罪立功；也有人认为他罪大恶极，必须处决，才能严肃党纪军法。这件事在冀中军区乃至晋察冀军区多次开会讨论，总是决定不下来，拖了一年多，迟迟都没有处理。1947 年年底，聂荣臻直接向毛泽东写报告汇报此事。最后，毛泽东批示：“黄寿发问题不能原谅，要处决。”这样，黄寿发才受到了应有的惩处。令人痛心的黄寿发事件，给人们留下了难以忘记的思考。

1948 年 5 月，孙毅司令员去西柏坡接受党中央的任务，见到周恩来。周恩来第一句话就说：“你们冀中军区出了个黄寿发事件，在全军影响很坏！”事件已过去一年了，周恩来还旧事重提。孙毅以抱愧的心情回答说：“我们工作没有做好，向周副主席检讨。”周恩来仍然不放过他，继续追问：“黄寿发开枪把老婆打死，你负什么责任？”孙毅回答说：“他们夫妻之间的关系，我平时未加注意，平时我失职，对他帮助教育不够，我应负这个责任。”周恩来的脸色这才缓和了一些。

几个月后，中共中央召开了七届二中全会，发出了“务必使同志们继续地保持谦虚、谨慎、不骄、不躁的作风”的号召。

让　房

朱德总司令住的三间石窑洞

在西柏坡中共中央旧址大院里，许多房子是四合院式的小平房，唯独在后山沟里有一处风格独特的房子。它没用一块土坯，而是全部用青石砌成，三个高大的拱形窗户与石墙相间，就像三眼并排而又相通的石窑洞。走进室内就会发现，房子的墙壁有一米多厚。人从壁间门中穿过，俨然置身于窑洞之中。由此不难想象，这所房子住起来冬暖夏凉。的确如此。这是大院里最好的房子了，三间北房窗户大，采光好，又彼此相通，中间为会客室，两边是办公室和寝室。这就是朱德总司令的旧居。

每当朋友们参观到此，无不交口称赞，同时也发出疑问：为什么朱老总住这么好的房子呢？燕赵大地上又怎么会有陕北窑洞特点的房子？

那是1948年的春天，党中央、毛主席决定东渡黄河，向西柏坡转移。住在西柏坡的刘少奇、朱德等同志得知主席要来的消息，心情非常激动。是啊，久别的战友就要重逢了，欣喜之情溢于言表。然而他们又发愁了。原来在抗战时期，由于日寇的“三光”政策，西柏坡的许多房子被烧得只剩下房基了。中央工委来后在此基础上自己动手修建了一些，再加上借住老乡的民房，住房问题基本上解决了，但也相当紧张。现在毛主席要来了，该住在哪儿呢？随即同志们考虑到毛主席在陕北住了十几年的窑洞，怕他住不惯平房，于是就请绥德的老师傅来西柏坡，在一个叫后沟的地方，建成一座窑洞式的房子。

工作中的毛泽东

转眼到了1948年5月26日，毛泽东主席来到了西柏坡。中央工委的同志们请主席到后边的“窑洞”去住。主席看着宽敞明亮的石窑洞风趣地说道：“这房子不错嘛，还是陕北窑洞的样子。这儿环境也很好。为了工作的方便，我住前边就行了！朱总司令上了年纪，他住在这儿不更合适吗？”朱总司令听说之后，很着急，亲自去劝说毛主席，说主席工作忙，那儿的环境好，应该主席住；毛主席却说总司令上了年纪，那儿比较清静，应该朱总司令住。这时已在刘少奇同志前院住下的朱德也是再三推辞，坚持不肯住进石窑洞，推来让去，几眼石窑洞因此闲了下来。朱德仍住在原地方，而毛泽东却选择了一间普通得再也不能普通的农家小院。

那么，谁是最先住进石窑洞里的呢？原来是毛泽东的警卫高富友。当年他跟随毛主席来到西柏坡，等安排好几位书记的住处以后自己却一时找不到合适的地方，是行政处处长伍云甫同志决定让他暂时住在了专门为主席盖的几眼石窑洞里。最后，石窑洞就由高富友一家三口和连部的几位同志住了进去。直到 1948 年 11 月，朱总司令拗不过主席，搬进了石窑洞，高富友他们才搬了出来。

在战局多变的日子里，朱总司令在这石窑洞里夜以继日地工作着，他和刘少奇、周恩来、任弼时同志协助毛主席部署指挥了举世闻名的辽沈、淮海、平津三大战役。

朱德在西柏坡

1949 年 3 月 5 日至 13 日，具有伟大历史意义的中共七届二中全会在西柏坡胜利召开了。由于当时条件所限，这次会议的会址选在中央机关的大伙房，而来自各地的代表们只能分散住在大院里的招待所、家里或村中老百姓家里，但住房仍很紧张。朱总司令就把自己的办公室、会客室都让给代表们住，甚至连卧室也让出了一半。王稼祥和朱仲丽夫妇来到西柏坡后，朱总司令就在卧室中间隔了一道布帘，把里边的床让给了王稼祥和朱仲丽夫妇，而朱总司令和康克清住在外边临时搭的床上。

党的七届二中全会召开期间，久别的战友重逢了，这里又成了会议室，军事组的小组讨论会就在这里举行。陈毅、贺龙等同志会集到朱总司令的石窑洞里，热烈地讨论着七届二中全会上的报告和讲话以及军事上的方针政策。

如今，几十年过去了，但岁月的变迁抹不去人们心中的记忆。这座矗立在风雨中的石窑洞，作为历史的见证，向人们无声地诉说着那段难忘的历史。

军用地图上的红毛线、蓝毛线

中央军委作战室旧址

说起毛线，我们感到非常熟悉而亲切，它可以用来织毛衣、毛裤等用品，给我们带来温暖和幸福，但谁又能想到这一根根毛线曾与中国的命运连在一起呢?

1948 年 5 月，党中央、毛主席转战陕北一年后，来到了太行山脚下西柏坡这个小山村。国共两党已经斗了 20 多年，毛泽东决定在这里摆上一盘棋和蒋介石做最后的决战。他在四间小平房里布置了作战室，面积不到 60

平方米，里面设有一部电话、两张地图、三套桌椅，这就是当时我军的最高指挥中心。每天来自全国各个战场的电报都汇集到这里，参谋们紧张地分析、研究，及时地向党中央、毛主席汇报，并根据毛泽东主席的指示下达命令。当时工作条件的艰苦程度我们很难想象，就连参谋们绘图使用的红蓝铅笔都是从国民党手中缴获的。为了节省使用，参谋们就用红毛线、蓝毛线在地图上标识敌我态势。红毛线表示我方，蓝毛线表示国民党方。每天的战局变化纷繁复杂，参谋们就不厌其烦地用红、蓝毛线在地图上移来移去，作战形势便醒目地展现在地图上。这样既节约铅笔，又灵活方便，上至首长，下至每一位工作人员，就这样清楚地看着红毛线拴住越来越多的土地。他们激动而紧张地工作着，盼望着一个又一个激动人心的消息。

中央军委作战室内景

我军这时虽然已和国民党军进行着百万大军的总决战了，但其实还穷得很呢。这时南京国防部的大楼里摆的是呢绒大桌、真皮沙发、咖啡和香烟，但他们想不到共产党会这样穷。其实到这时共产党还从来没有富过，尤其是党中央最穷。毛泽东、周恩来留在陕北时，晋绥吃穿用都比陕北强。贺龙过河来看毛泽东，他无论如何想不到中央机关会这么苦。共产党是穷惯了，党的最高层是穷惯了。不是爱穷，而是信守一个原则，只要中国的老百姓还穷，党就耻于高过百姓；只要党还穷，第一线还穷，中央机关、党的领袖就决不肯优于他们。这种生活的清贫、工作条件的清苦，清澈见底地表示着他们的一片心，这就是只有解放全人类才能最后解放自己。毛泽东和他的参谋班子就是在这间最简陋的指挥部里和蒋介石做斗争。农家小院里毛泽东亲自起草的一封封电报，发往东北、淮海、平津……作战参谋们就在地图上用红毛线一圈一圈地去拴。先是拴住了沈阳，接着又套住了徐州、淮海，最后红毛线干脆套到了平津的脖子上。谁能想到共产党的每个普通干部在延安大生产时学会的纺毛线技术，今天派上了大用场。蒋介石怎么能不败呢？共产党克己为民，心里装的是全国的贫苦老百姓，其公心已经盖住并融化了敌人的营垒，连蒋介石派来和谈的代表邵力子、张治中都服而不归了。

如今，用红蓝毛线描绘地图的时代已经离我们远去了，但艰苦奋斗的作风我们永远不应忘记，要一代一代地传下去。

"天天都是东方红!"

周恩来在西柏坡

在西柏坡时期，中央大院里大家论起辛苦工作之最，都会想到一个人，那就是五大书记之一的周恩来。

1947 年 3 月党中央撤离延安后，周恩来和毛泽东、任弼时转战陕北，东渡黄河，于 1948 年 4 月 26 日到达西柏坡，到 1949 年 3 月 23 日离开，其间就住在西柏坡村子最东头一户普通的农家小院里。当时，周恩来任中共中央政治局委员、中央书记处书记、中央军委副主席兼代总参谋长。在大决战的日日夜夜里，他每天都要和毛泽东、朱德等一起研究战局，还要听取前方各战场的情况汇报、核对军事资料、起草文电、批阅文件等，工作十分繁忙。尽管西柏坡村就在滹沱河边上，四面环山，青山绿水，风景秀丽，空气清新，可身负重任的周恩来在繁忙工作之余，除了偶尔到院子外边散散步，却没有时间去欣赏西柏坡如画的风光。

当时，面对筹备建立和建设新中国的重大任务，除军事外，周恩来还兼管党的财经、后勤、统战、外交等方面的工作，每天夙兴夜寐。他的办公室布置十分简单，除了一张办公桌、几把椅子、一个大沙发外，就是北墙上挂着的全国各战场的作战地图，地图上用红、蓝两色小三角旗和箭头标明敌我双方军事行动和兵力部署的现状。小三角旗是用纸剪成的，用针钉在图上，随着敌我双方军队情况的变化，可以随时移动。红旗代表我方，蓝旗代表敌方。每天周恩来去休息时，作战室的同志便根据当天各个战场的实际情况，将红、蓝小旗和箭头变动一次，以便周恩来能随时掌握我军在各个战场的进展情况。

周恩来作为中央军委副主席兼代总参谋长，每天除了去毛泽东主席那里开会外，不是伏在桌上写电报，就是看电报、看文件，要不就是站在地图前凝神思索，考虑如何以最小的代价，取得最大的胜利。作为毛泽东军事上的主要助手，周恩来参与决策并具体组织实施。他对敌我双方的战争态势、兵力部署、部队特点、战斗力强弱，甚至国民党方面指挥官的简历、性格等，可以说是了如指掌。有了什么情况，周恩来总是先仔细地核实并弄清楚，然后向毛泽东报告。他考虑问题极其精细缜密，为毛泽东部署各个战役提供了准确无误的军事资料和数据。一次，一个参谋向周副主席汇报情况，刚汇报完，他立即指出，少汇报了歼敌一个营的人数。经核实，果然如此。周副主席严肃、认真的工作态度，使在场的参谋们深受教育。

当时，作战方案一般经过中央军委领导研究确定对策后，多数由毛泽东起草文电，少数由周恩来起草，而所有军事方面的文电都经周恩来签发。作战部副主任张清化曾回忆说，发送军事方面的文电大致有三种情况：一是议后发，有了情况，书记处几位领导人共同商议，然后由毛泽东或周恩来起草文电发出。二是阅后发，由于军情紧急，来不及一起商议，由毛泽东或周恩来起草好文电，再送其他领导人传阅后发出。这种状况是比较多的。三是发后阅，由于情况紧急，刻不容缓，为了争取时间，由毛泽东或周恩来起草好电文先发出，再送其他领导人传阅。

当时，周恩来是人人皆知的工作最忙、睡眠最少的人。毛泽东习惯夜

毛泽东与周恩来在西柏坡

周恩来同志在西柏坡的旧居

间办公，所以周恩来也要适应夜间工作，上午等毛泽东休息了，他也才去休息一会儿，一般睡三四个小时，起来接着工作。由于天天东方太阳升起，他才能去休息，所以邓颖超和工作人员都心疼并开玩笑地称呼周恩来："天天都是东方红！"

能走一百步决不走九十九步

1948 年 4 月 23 日，任弼时到达西柏坡，住在中央大院东侧一户农家小院里，门口是开阔的打谷场。由于长途跋涉，任弼时血压升高，医生劝他要多休息，所以平常日子里，他经常躺在帆布椅上，在树荫下阅读书报，处理公务。

任弼时在西柏坡

此时，面对全国即将解放的局面，任弼时把主要精力放在了解各地情况、研究党的政策上。在西柏坡召开的九月政治局扩大会议上，任弼时结合当前形势做了关于战争问题、纪律性问题、民主问题、党组织问题的发展与整顿问题的发言。在党的七届二中全会的讲话中，他结合党的工作重心由乡村转移到城市的核心思想，系统阐述了党的城市工作的政策思想。同时，他还投入大量的时间和精力去研究、指导工、青、妇方面的事宜。

震惊中外的辽沈、淮海、平津三大战役，仅仅用 139 天就歼灭和改编国民党军队154万余人，使国民党赖以维持其反动统治的主要军事力量基本上已被消灭，为人民解放战争在全国胜利奠定了基础。在此期间，由于战事繁忙，任弼时时常拖着病体，坚持与刘少奇、朱德、周恩来一起协助毛泽东研究战局，部署指挥作战。淮海战役中，因商议战事不能休息，他的血压上升到200多毫米汞柱，脉搏每分钟跳动100多次，十分危险。按规定本应停止工作，可他坚决不肯，在其强烈的要求下，医生只好规定他每天工作时间不能超过4个小时，而实际上，他每天的工作时间要比这多两三倍以上。

由于连日的工作，任弼时的心脏病和高血压更加严重了。他在给大女儿远志的信中这样写道："我的身体最近又不甚好，因为开了一个时期的会，引起血压又高涨，现在由医生检查，可能要休息一时期。"尽管医生一再告诫任弼时不要熬夜、要多休息，但他却说："我们都是共产党员，肩负着革命的重任，能坚持走一百步，就不该走九十九步！"

据时任军委二局局长的戴镜元回忆说："早在转战陕北的路上，他们白天行军，晚上任弼时就会组织开会，从下午三点到晚上八点，和周恩来一起听取大家的报告，经常连续工作五个小时，中间也不休息。他们一起研究机要、通信、情报、保密等问题，确定作战方针、原则，谈工作方法、细节处理，除了中央有急事，每天如此。当时弼时同志身体就很不好了，血压很高，但他从来不放在心上，工作认真细致，一丝不苟，有时还亲自和大家一起手工作业画图制表，直到得出科学的结论为止。晚上八点后结束工作，大家才去吃晚饭，之后，任弼时还要工作一两个小时，他一心扑在工作上，根本不考虑自己的身体健康情况。"

1949年2月4日，苏共中央政治局委员阿·伊·米高扬在西柏坡和任弼时交谈后，不由得对翻译师哲说，任弼时的谈话给他留下了深刻而美好的印象，他觉得任弼时是一个成熟的共产主义者，一位有马克思列宁主义理论修养的领导者，一位很有涵养、有政治修养和有丰富工作经验的难得的领导人。

1950年10月，任弼时因积劳成疾与世长辞，年仅46岁。任弼时逝世后，毛泽东悼念，并亲笔题词："任弼时同志的革命精神永垂不朽。"刘少奇、周恩来、朱德等领导同志也都亲笔题词悼念任弼时。朱德不仅题词，

任弼时一家在西柏坡

而且撰写了悼文。朱德在悼文中称："弼时同志给全体共产党员和全体爱国人民树立了一个忠心耿耿、为人民利益鞠躬尽瘁的榜样，树立了一个坚持革命原则、百折不挠的榜样，树立了一个朴素切实、密切联系群众的榜样。"

电报争锋定乾坤

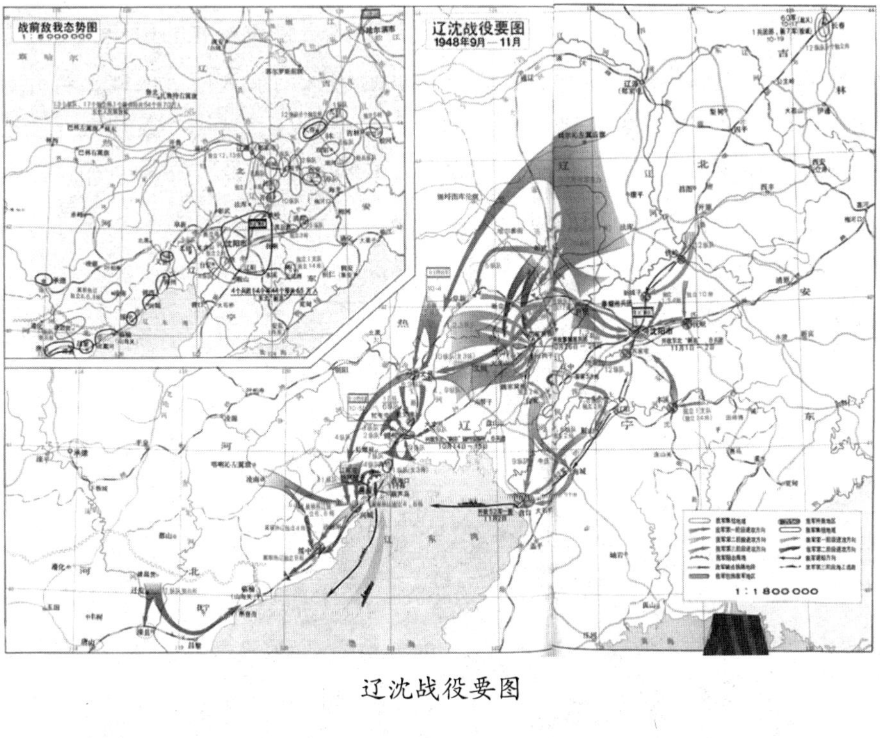

辽沈战役要图

1948 年 10 月 4 日凌晨一点半，毛泽东收到了东北野战军总部（以下简称“东野”）决定“仍打锦州”的电报。这时，远在西柏坡的主席才终于松了一口气，毕竟他等这封迟到的电报已经很久了。主席顾不上连日的疲劳，于 4 日清晨 6 时复电表示：“你们决心攻锦州，甚好，甚慰。”“在此以前我们和你们之间的一切不同意见，现在都没有了。”终于为“战锦”

这个“大问题”画上了圆满的句号。

锦州之战是辽沈战役的关键之战。因为只有攻克锦州，切断东北与华北的联系，才能将东北国民党军全部封闭，就地歼灭。鲜为人知的是林彪对毛泽东命令打锦州的电报有过多次的抵触和拖延，毛泽东又是怎样说服他的呢？

早在1948年4月份，东北没有小仗可打，国民党部队分别困守在长春、沈阳、锦州三个孤立的点上，我军必须寻找机会，寻找战机。当时中央军委和东北野战军指挥部的争论点就集中在攻打长春还是锦州的问题上。

毛泽东意在打锦州。打下锦州，关上东北大门。锦州，位于辽西走廊，依山面海，是连接关内外的咽喉要道和军事重镇，自古有“山海要冲，边关锁匙”之称。对于东北战场而言，锦州就是东北的门户。一旦东北野战军打下锦州，那就相当于关上东北通向关内的大门。因此，蒋介石对于锦州也是非常重视，他曾对部下说：锦州一战，直接关系到东北形势的好坏。为此，蒋介石决定力守锦州，并兵分东西两路，命侯镜如、廖耀湘兵团从锦西、沈阳东西对进，增援锦州。

林彪（右一）、罗荣桓、刘亚楼等在锦州前线

但是，东北野战军指挥部决定攻打长春。林彪坚持强调攻打长春的优势和南下作战的困难以及不利条件。毛泽东回电没有完全否决林彪，但是在结尾点出："你们自己，特别在干部中，只应说在目前情况下先打长春比较有利，不应强调南下作战之困难，以免你们自己及干部在精神上处于被动地位。"5月中旬，东北野战军试打外围战，发现长春之敌并非设想的那样不堪一击，林彪开始犹豫。5月29日，林彪再次致电中央军委时，改"硬打长春"为"以一部兵力久困长春"。紧接着，林彪提出攻打长春的三个方案，中央基本同意以三至四个月的时间攻打下长春的这个方案，但是，毛泽东仍在向林彪强调一定要做好"南下作战的准备"。一直到7月中旬，经过三个月的深思熟虑，林彪终于同意南下北宁线。但是对于攻打锦州，林彪仍有犹豫。8月9日、12日，毛泽东连发两电，批评林彪的迟疑行动。直至这时，东北野战军指挥部才下定决心行动。9月7日，毛泽东致电林彪等，明确阐释了南下北宁线的作战方针："你们现在就应该准备使用主力于该线，而置长春、沈阳两敌于不顾，并准备在打锦州时歼灭可能由长春、沈阳援锦之敌。"最后，毛泽东提出了解放战争时必须适应的一种战场常态，那就是："确立打你们前所未有的大歼灭战的决心。"

锦州之战就要打响，10月2日22时，东北野战军指挥部在前往锦州前线的火车上，林彪因收到情报，得知国民党部队新五军及独立第九十五师已经海运到葫芦岛，准备增援锦州。林彪考虑到国民党军队极有可能从锦西和葫芦岛全力增援锦州，而锦西距离锦州仅仅50公里，地形无险可守，打锦州时可能内外受敌，因此再次动摇了打锦州的决心。当晚，在夜色中疾驰的火车上，林彪向中央军委发出了一封特级绝密电。

其实，东野发出这封电报后，已经觉得不妥，这样来来回回地犹豫打锦州还是打长春，并且是在与中央军委统一了战略思想，下定决心攻打锦州，并前往锦州前线的路上再次犹豫，实在是不太妥当。于是林彪吩咐秘书到机要处追回那份电报。秘书去机要处后回来报告：电报已在3日清晨4时许发出。因此，上午9时，林彪及罗荣桓等再发一电，不改计划。但阴差阳错，这封电报却直到当天的后半夜才到了毛泽东手中。就在这十几个小时的时间差里，毛泽东焦急万分。

毛泽东收到东野2日22时的电报，非常生气。在间隔了仅仅两个小时的时间内，连发了两封电报。10 月 3 日 17 时，毛泽东起草了一份 4A 级电报，内容是不同意打长春的方案，说明攻锦决心不变，“四五月间，长春本来好打，你们不敢打；七月间，长春同样好打，你们又不敢打。现在攻锦部署业已完毕……你们却又不敢打……”行文可见态度之严厉。

电报发出后，毛泽东仍然放心不下，19 时又拟一稿，进一步解释了坚持攻锦的态度和原因。开篇即写：“我们再考虑你们的攻击方向问题，我们坚持地认为你们完全不应该动摇既定方针，丢了锦州不打，去打长春。”并再次分析攻打锦州的战略意图和利弊。

两封批评电报发出后，4 日凌晨，毛泽东收到了东野总部决定“仍打锦州”的那封迟来的电报。这时，他才终于松了一口气。

10 月 9 日，锦州外围战打响，10 月 11 日，锦州全线攻破。至此，东北野战军以伤亡 2.4 万人的代价取得歼灭锦州 10 万守军的伟大胜利。东北“剿总”副总司令兼锦州指挥所主任范汉杰被俘后，在受到林彪、罗荣桓接见时，感慨：“这一招非雄才大略之人是做不出来的。锦州好比一条扁担，一头挑东北，一头挑华北，现在是中间折断了。”

中共中央就是以这一封封电报左右着战局，决定了新中国命运的走向。周恩来曾诙谐地说：“我们这个指挥部可能是世界上最小的指挥部，一不发人，二不发枪，三不发粮，只是天天发电报，就把国民党打败了。”

毛泽东发火了

1948 年 1 月 7 日，中共中央通过了《关于建立报告制度》的决定。为了及时反映情况，使中央有可能在事先或事后帮助各地不犯或少犯错误，争取革命战争更加伟大的胜利起见，从今年起，规定如下报告制度：一、各中央局和分局，由书记负责（自己动手，不要秘书代劳），每两个月向中央和中央主席做一次综合报告。二、各野战军首长和军区首长，除作战方针必须随时报告和请示，并且照过去规定，每月做一次战绩报告、损耗情况和实力报告外，从今年起，每两个月要做一次政策性的综合报告和请示（包括军事纪律、物质生活、指战员情绪等）。

规矩确立六个月后，按理应该已有三次报告了。但时任东北野战军司令员的林彪一次也没动笔，更不用说报告了。

这回，毛泽东对林彪发火了！1948 年 8 月 5 日，毛泽东以中央名义给林彪发了一封 2000 字的电报，措辞严厉地批评他不按规定向中央做综合报告，“使我们完全不了解你们在这件事上何以采取这样的敷衍态度”。毛泽东毫不顾忌情面地列举了林彪几个月来的拖沓表现：今年 5 月、7 月两次催你们，你们不声明理由，近日再催，你们才声明“常委各同志均急忙碌，事实上只各顾自己所分的工作，并皆对各部门的工作难求得全部了解，对做全貌的报告遂感困难”“缺乏向中央做综合性报告的材料来源”。毛泽东直言说：“这些理由是不能成立的！”

此时，远在大别山里的邓小平在执行请示报告制度上动作敏捷，走在了所有人的前头。毛泽东以邓小平为榜样，继续责问林彪：“我们 5 月间

毛泽东在西柏坡

即告诉你们，像大别山那样严重的环境，邓小平同志尚且按照规定向中央、主席做了综合性报告，并将邓小平同志来电转给你们阅读。你们的环境比大别山好得多，何以你们反不能做此项报告？”

毛泽东越说越气，直接点明林彪是毫无纪律，心里眼里就没有中央：“我们认为所以使你们采取此种态度的主要理由，并不是你们所说的一切，而是在这件事上，在你们心中存在着一种无纪律思想。”

接到毛泽东严厉的训斥，林彪急忙向中央做了检讨，并送来了综合报告。毛泽东复电林彪，阐明了综合报告的重要性，又在致东北局的电文中指出“你们这次检讨是有益的”，否则，“就不可能克服完全不适用于现在大规模战争的某些严重的存在着的经验主义、游击主义、无纪律状态和无政府状态。”特别强调这个问题在大决战前夜的现阶段有着极端的重要性：“这一问题的性质是如此重要。即只有解决这一问题，才能由小规模的地方性的游击战争过渡到大规模的全国性的正规战争，由局部胜利过渡到全国胜利。”

巧施空城计，吓退十万兵

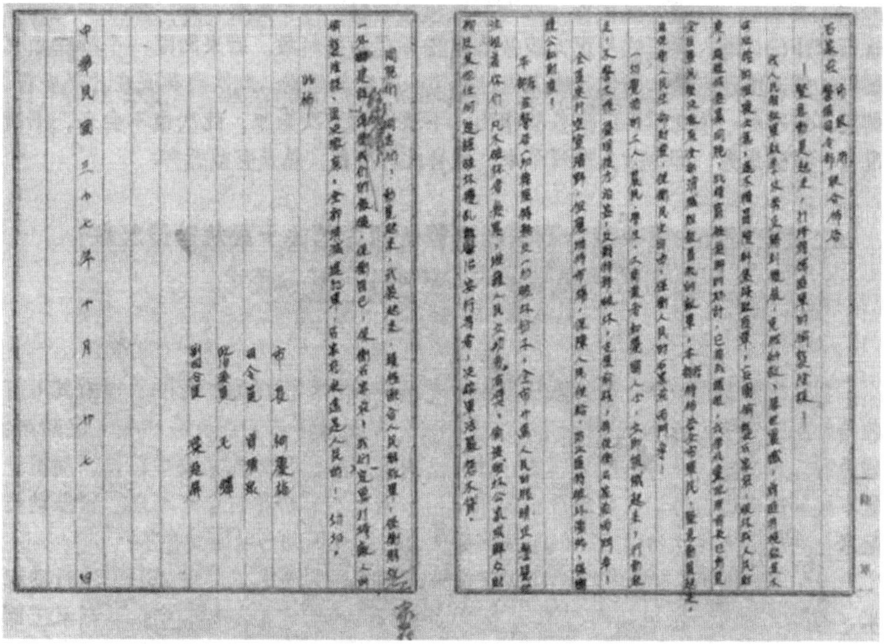

1948 年 10 月 27 日石家庄市政府、警备司令部关于紧急动员起来、打垮蒋傅匪军偷袭阴谋的联合布告

1948 年 10 月下旬，位于西柏坡的中央机要局收到一份十万火急的军事情报：国民党傅作义部正以骑兵第九十四军、新编第二军，共计十万余人的兵力，组成一支快速部队，分为偷袭和策应两个梯队，分别向西柏坡和石家庄发动进攻。机要参谋立即将电报交给了毛泽东、朱德、周恩来等

中央军委领导。

当时，华北军区留守西柏坡的兵力只有一个团约一千人。面对敌人重兵压境，毛泽东、朱德、周恩来等立即集中在军委作战室内研究对策。经过充分考虑，最后做出作战部署：在军事上调动部队和民兵抗阻奔袭南进之敌，在政治上揭露敌人的阴谋。

中央军委副主席、代总参谋长周恩来随即调兵遣将，进行具体指挥，致电华北军区司令员聂荣臻、政治委员薄一波等，简要地通报了敌军偷袭计划，命令华北军区部队立即赶至指定地点阻止敌军南下。华北军区接到中央军委的命令后，于25日、26日两次电令三纵、七纵和冀中、北岳等部队，做出了具体作战计划。周恩来于27日凌晨四点半、六点、七点两个半小时内三次向毛泽东主席汇报军队部署情况。

为了从政治上彻底粉碎敌人的偷袭阴谋，毛泽东决定采取以虚避实、真假难辨的迷惑战法来对付蒋介石、傅作义。他对周恩来说：我们不妨也学学诸葛亮唱段空城计，即我们在动员华北军民准备粉碎敌人进攻的时候，还要通过新华社把蒋介石、傅作义的阴谋做公开的揭露，向他们宣布我华北军民已做好准备，必将歼灭敢于来犯之敌。

毛泽东当即拿起毛笔，写下了第一篇新闻广播稿《蒋傅匪军妄图突袭石家庄》，10月25日晚由电台播发。其中写道：（新华社华北二十五日电）确息：当我解放军在华北和全国各战场连获巨大胜利之际，在北平的蒋匪介石和傅匪作义，妄想以突袭石家庄，破坏人民的生命财产。据前线消息：蒋傅匪首决定集中第九十四军三个师及新二军两个师经保定向石家庄突袭，其中第九十四军已经在涿县定兴间地区开始出动。消息又称：该匪部配有汽车，并带炸药，准备进行破坏。但是蒋傅匪首此种穷极无聊的举动注定是要失败的。华北党政军各首长正在号召人民动员起来，配合解放军，坚决、彻底、干净、全部地歼灭敢于冒险的匪军。

这篇新闻稿准确地揭露了蒋介石、傅作义的偷袭阴谋，并把敌人的行军路线、作战部署等说得一清二楚。蒋介石听了广播后，气得暴跳如雷，马上打电话给傅作义，令其立即查办泄露军机者，并命令按照原计划行动，争取在解放军主力到达前，一举捣毁中共总部。

10月26日，毛泽东又提笔写下了《华北各首长号召保石沿线人民准备迎击匪军进扰》的报道，把这次阴谋偷袭的背景、内幕、兵力组成及指挥官名单、装备等情况揭露得一清二楚。傅作义部听到广播，感到十分诧异：如此机密的军事行动，共产党怎么知道得一清二楚？

此时，蒋傅匪军将抵保定，28 日将快速进犯石家庄，同时骑兵旅也将立即出发偷袭西柏坡。石家庄距保定不足 130 公里，乘汽车只需四个小时，而西柏坡不设防！西柏坡，小山村的夜格外寂静，静得让人不敢喘气，此时周副主席正和毛主席商讨着应敌之策。

工作中的周恩来

遵照中央指示，平汉线上，冀中七纵首先在望都、方顺桥、清风店一带对敌人展开阻击，于 29 日主动撤离第一道防线，转移到第二道防线唐河南岸进行阻击。敌兵于 30 日到达唐河北岸，动用了三个师的兵力，以损失 1500 人为代价突破第二道防线。

然而由于毛泽东巧妙地利用情报做文章，再加上解放军主力三纵和七纵提前赶到预定布防地域，在地方武装和民兵游击战的配合下，对敌人很快形成了迎面阻击和南北夹击之势。鄂友三指挥的敌骑兵十二旅刚到唐河南岸就落入了解放军的埋伏圈，被歼灭了一个团。郑挺锋所率主力一个师在定县附近被我七纵截住，激战一天，伤亡几百人，于 31 日撤回北平。其他敌军见偷袭无效，也急忙撤回。就这样，蒋傅挖空心思、精心策划的偷袭阴谋仅一个星期即告破产。

偷袭石家庄失败的国民党军向北平仓皇撤退

10 月 29 日早晨，毛泽东写信给秘书胡乔木，说：“我第一次日播已见成效，国民党第九十四军军长郑挺锋 27 日 21 时告傅作义称：‘昨收听广播得知匪方对本军此次袭击石门行动似有所警惕。广播谓本军附新二军两师拟袭石门。彼方既有所感，必然预有准备，袭击恐难收效’等语。另件请于本日发口播。不播文字。”

31 日，当毛泽东得知敌军撤退的消息后，为使“空城计”善始善终，又提笔写了最后一篇文章《评蒋傅匪军梦想偷袭石家庄》。他嘲笑了蒋介石在东北战场的失败，揭露了傅作义部企图偷袭石家庄的阴谋，写得气势磅礴，深刻有力：（新华社华北三十一日电）……近一个时期是住在北平的，在两个星期内由他经手送掉了范汉杰、郑洞国、廖耀湘三支大军。他的任务已经完毕，他在北平已经无事可做，昨日业已溜回南京。蒋介石不是项羽，并无“无面目见江东父老”那种羞耻心理。他还想活下去，还想弄一点花样去刺激一下已经离散的军心和人心。亏他挖空心思，想出了偷袭石家庄这样一条妙计。蒋介石原是要傅作义再派一支轻兵去偷袭济南的，傅作义不干。偷袭石家庄，傅作义答应了，但要两家出本钱。傅作义出骑兵，蒋介石出步兵，附上些坦克和爆炸队，从北平南下了。真是异常勇敢，一个星期到达望都地区；指挥官是郑挺锋。从这几天的情报看来，这位郑将军似乎感觉有些什么不妥之处，叫北平派援军，又是两家合股，傅作义派的是第三十五军，蒋介石派的是第十六军，正经涿州南下。这里发生了一个问题：究竟他们要不要北平？现在北平是这样的空虚，只有一个青年军第二〇八师在那里。通州也空了，平绥线东段，也只稀稀拉拉几个兵了。总之，整个蒋介石的北方战线，整个傅作义系统，大概只有几个月就要完蛋了，他们却还在那里做石家庄的梦。”

听到广播后，蒋介石、傅作义急令撤兵。两天之后，当蒋介石获悉解放军三纵队31日晨才赶至沙河负责阻击任务，而在此之前中共首脑机关驻地西柏坡确实没有守兵的时候，他捶胸顿足，追悔莫及。至此，毛泽东指挥华北军民粉碎蒋介石偷袭中共中央驻地的阴谋画上了句号。

艰苦奋斗的楷模

1948 年秋，毛泽东在西柏坡

1949 年 3 月，在西柏坡召开的中共七届二中全会上，毛泽东谆谆告诫全党："务必使同志们继续地保持谦虚、谨慎、不骄、不躁的作风，务必使同志们继续地保持艰苦奋斗的作风。"作为一代伟人，毛泽东身体力行，率先垂范，在西柏坡工作生活的十个月里处处用艰苦奋斗、廉洁奉公的模范行为来教育和影响全党。

毛泽东主席移驻西柏坡后，人民解放战争已进入战略进攻阶段。这时，各方面的条件相对延安时期较好些，他完全有条件生活得好一点，但他始终保持着艰苦朴素的生活作风。尤其在三大战役期间，他吃饭不定时，不定顿，总要多次催促提醒才吃，经常一天只吃一顿饭，而且饮食简单，从不挑拣，最喜欢吃大米和小米二米饭。或者是一盘地瓜或煮一茶缸麦片粥便充当一顿饭。饭菜撒在桌子上，随手拾起来便送入嘴里，直到进城十几年后他还是这样。

济南战役打了八昼夜，毛主席八昼夜没有休息好，一天最多睡三个小时，有时昼夜连续工作。为保证主席有旺盛的精力，中央行政处准备在生活饮食上给他进行一些改善。毛主席知道后，对工作人员说："你们不要为我吃东西费心费力，一个星期让我吃上一次肥肉，那就足矣。"

照顾毛主席小女儿李讷的韩桂馨，看到毛主席脚上穿的那双布鞋旧得不能再穿了，就抓紧时间做了一双新布鞋，趁着主席批阅完文件在院子里躺椅上休息时拿出来，打算让他换上。可是毛主席一向恋旧，衣服破了不愿意换，鞋子坏了不愿意扔。韩桂馨左劝右说，他还是不换，只是说："还能穿呢，小韩阿姨，艰苦朴素是我们党的优良传统，我不带头怎么能教育别人呢，你说对吗?"旧鞋子没有换，新鞋子放在躺椅旁边，正巧城工部的童小鹏路过这里，马上用手中的相机拍摄下了这一感人的情景。

在西柏坡，毛主席的一条白底蓝条的单面绒衬裤已经磨成了平纹布，膝盖、裤脚都打着补丁，毛衣毛裤不知穿了多少个年头，有好几个大窟窿，不少地方还脱了线，实在是不能穿了。可他对身边工作人员有一条规定：不经他本人同意，不许为他买东西。这条规定进城后也没有变。为了给他买一身新毛衣毛裤，工作人员商量由韩桂馨去劝说，因为毛主席的衣服都是由她缝补的。韩桂馨想：毛主席向来听取群众意见，我去找他老人家提个意见。再说，毛衣毛裤确实破得该换了。

于是韩桂馨来到毛主席办公室，看到毛主席正在忙着批阅文件，桌上还放着一大堆文件，就不想再打扰主席了。刚要转身，毛主席已经看见她了，亲切地问："小韩阿姨，有事吗?"

韩桂馨走进办公室，说："主席，有事。我给你提个意见，你原来那套毛衣毛裤实在破得没法补了。我们离石家庄这么近，买套新的吧。要不然买些毛线我给你重织一身，也比补那些洞省事。”

毛主席望着韩桂馨，抱歉地说：“小韩阿姨，你把李讷照顾好了，还为我缝补衣服，帮了我的大忙，我非常感谢你。前方每天在打仗，战士们比我更需要衣服，新衣服要留给他们穿。请你再辛苦点，把我的毛衣毛裤织补一下，能穿就行。”

韩桂馨赶紧说：“实在是太破了，就算织补上了，穿到身上多难看呀。”她讲了很多理由，可毛主席用央求的口气说：“小韩阿姨，给你增加麻烦了。为了打败蒋介石，我们必须节约每一分钱。还是请你帮我补吧，穿在里面没什么好看难看，能挡寒就行，谢谢你了……”那件已经补丁连缀的毛衣毛裤又织补出几块大补丁，毛主席穿着它进了北京城。

毛主席不仅穿衣节俭，多年来一直用一条毛巾洗脸擦脚。卫士长李银桥觉得西柏坡条件稍好了些，提议领条新的。毛主席却幽默地说：“现在整天行军打仗，脚可比脸辛苦，分开就不平等了，脚会有意见的。”李银桥说：“那就用新毛巾擦脚，旧毛巾擦脸。”毛主席摇头说：“账不能那么算，我多用一条毛巾可能贵不到哪里，可是全军如果每人节约一条毛巾，省下来的钱我看能打一次沙家店战役了。”

为革命母亲夏娘娘做寿

《革命母亲夏娘娘》连环画封面

大家都知道毛泽东从来不让身边的人给他过生日，在西柏坡中共七届二中全会上，专门做出“不作寿”的规定，却在西柏坡专门为一位八十岁的老人祝寿，并且还称她为“夏娘娘”“革命母亲”“党的光荣”，这是怎么回事呢？

夏娘娘是江苏武进人，原名黄发梅。1922 年曾在中共武汉市党支部、湖北地委等机关做地下工作。1926 年调上海中共江苏省委和中央机关工作。第一次国内革命战争失败后，在严重的白色恐怖下，她继续掩护党的秘密机关，保护革命同志，被誉为“革命母亲”。夏娘娘曾三次被捕，受尽折磨，但她坚贞不屈，视死如归，后被营救出狱。

1948 年 5 月，她随同党中央、毛主席一起来到西柏坡。10 月 9 日这一天，是“革命母亲”夏娘娘的七十九岁生日。按民间“做九不做十”的习俗，要给夏娘娘做八十大寿。这天，中央机关的同志张罗着为她过生日，地点就设在西柏坡中央“工校”的一个大伙房里。房子里收拾得干干净净，人们来来往往，脸上洋溢着喜气。夏娘娘坐在屋子中央的一把椅子上，露出了幸福慈祥的笑容。毛主席也在百忙之中来到这里为夏娘娘祝寿。只见他健步走到夏娘娘跟前，向夏娘娘恭恭敬敬鞠了一躬。夏娘娘见毛主席为她鞠躬祝寿，激动得不知如何是好，慌忙站起来，毛主席忙又搀扶她坐下。随后在场的其他书记和中央机关工作人员，依次向夏娘娘鞠躬祝福。周恩来即兴讲话，称赞夏娘娘是“革命的母亲，大家的娘娘，是我们党的光荣”！周恩来还当场写下了“恭祝夏娘娘八十大寿，党的光荣”，然后和任弼时、邓颖超三人先后在下边签了名。机关的孩子们欢天喜地地向夏娘娘磕头。此时，夏娘娘激动地向大家说：“这是我有生以来最隆重、最幸福，也是最难忘的一次生日。”

中央机关小学的孩子们和夏娘娘合影

两个多月后的1948年12月26日，是毛主席五十五岁生日。此时淮海战役激战正酣，毛主席日夜操劳，密切注视着前方的战局变化。由于战局紧张，五位书记吃不好，睡不好，已经两天没有合眼了。中央机关的一些同志考虑到他们工作太劳累了，想趁毛主席生日时，让他们放松一下。于是，中央机关食堂准备杀头猪，给毛主席祝寿，做一顿他喜欢吃的红烧肉。可毛主席听到消息后，马上叫来了行政处的伍云甫处长说："云甫同志，听说你们要准备给我过生日，谢谢同志们对我的关心。生日不要过了，还是勤俭节约的好，希望你们今后再也不要给党的领导人过生日做寿，这样影响不好。这要定为制度，谁也不能违反。"毛主席的一席话语重心长，使伍云甫又感动，又惭愧。

从此以后，"不作寿"就成为党的一条纪律。在中共七届二中全会上，根据毛泽东的提议，把它写入党的文件规定了下来。

吴玉章的寿宴

战争年代，祝寿是一种政治表达。1937 年 1 月 31 日《新中华报》发表的祝贺徐特立六十大寿的社论做出了解释：在国难斗争中一切个人的、集体的、领袖的、群众的、有模范作用的例子，无论大小都值得提出来用各种各样的方法奖励之，而做寿就是其中的一种方式。

1948 年 8 月 15 日，毛泽东给吴玉章的信

所以在西柏坡时期，虽然毛泽东提出了“不作寿”的规定，但在中共七届二中全会召开前的 1948 年 12 月 30 日《人民日报》头版的显赫位置刊发了《中共中央给吴玉章同志七十寿辰的贺信》，这是怎么回事呢？

信中这样写道："吴玉章同志：欣逢你的七十诞辰，谨向你致热烈的庆祝！你自青年时代起，即致力于中国人民彻底解放事业，四十年来，在中国革命的历程中，你总是站在革命队伍的前列。你挚爱中国人民和中国历史，你笃信马列主义，你对无产阶级领导中国革命必能获胜的信心从未动摇，你在反革命包围威吓中有坚强不屈的表现。中国人民都敬爱你。你的七十岁生日，恰在人民解放战争快要在全国范围内胜利的时候，这是你的光荣，也是中国人民的光荣。"

中共中央亲自为吴玉章的七十寿辰致贺信，规格之高在解放区是少见的，在党的历史上也是少有的。在解放战争即将取得全面胜利的历史时刻，具有特别重要的现实意义，"并非寻常应酬可比"（吴玉章《六十自述·附记》语），与那些封建庸俗的捧场活动更是不可同日而语。诚如1937年中共中央为徐特立祝寿时，中央机关报《新中华报》发表的社论指出："共产党虽然是马列主义的党，但他无疑也具有普通人应有的一切感情，当然更应具有朴素的同志情谊。"中共中央为吴玉章举行的祝寿活动，同样生动地说明了这一点。

吴玉章，1878年12月30日出生于四川省自贡市荣县双石桥蔡家堰。他自小忠厚笃诚，坚韧沉毅，喜读史书，学识渊博，有"金玉文章"之誉。吴老历经戊戌变法、辛亥革命、讨袁战争、北伐战争、抗日战争、解放战争、新中国建设而成为跨世纪的革命老人，与董必武、徐特立、谢觉哉、林伯渠一起被尊称为"延安五老"。吴玉章从参加同盟会到参加中国共产党，从参加孙中山先生领导的旧民主主义革命到参加中国共产党领导的新民主主义革命、社会主义革命，为社会进步、民族解放和社会主义建设奋斗了一生。历经三个历史时期，他始终站在时代的前列，受到了全党和全国各族人民的敬重和爱戴。

此时，年逾古稀的吴玉章没有坐享人生，倚老卖老，而是还在为华北大学的创办及工作的开展而日夜奔忙。1948年5月，中共中央到达西柏坡后，决定将晋察冀边区的华北联合大学和晋冀鲁豫边区的北方大学合并，成立华北大学，由吴玉章任校长。校址设在距西柏坡80公里的正定县城。5月28日，周恩来致信吴玉章"拟请你担任华北大学校长"。接到来信，吴玉章十分高兴地接受了这一工作安排，并于7月13日由位于石家庄的华

吴玉章

北人民政府交际处乘马抵达正定县城华北大学，住在了新南街华北大学校部对面。

因为华北大学为两个学校合并而成，吴玉章一边亲自主持召开学校成立典礼大会的筹备工作，一边研究合并之后的师生及机构人员安排等问题。原北方大学的全体师生 7 月 25 日由邢台步行至正定县城时，他不顾自己年事已高，亲自到学校看望他们并同他们进行了亲切的交谈。他的工作事无巨细，得到了全体师生的钦佩和尊敬。

经过紧张有序的筹备工作，8 月 24 日华北大学终于成功举行了成立典礼。吴玉章在会上做了《建立新民主主义的文化中心》的报告，阐述了华北大学的办学方针和目的，并把“忠诚”“团结”“朴实”“虚心”作为华北大学的校训。他着重指出华北大学最主要的是学习马恩列斯的理论和中国革命的经验。

在华北大学任职期间，吴玉章致力于教师队伍的建设和科学水平的提高，鼓励教师们勇于创新，努力攀登科学高峰。他治学严谨，制订出了一整套严密的教学计划，并要求计划和制度一经决定，都要遵守。他很注意检查计划的执行情况，特别重视开学前的准备工作。因此，学校开学伊始，工作千头万绪，但都能有条不紊地进行。在此期间，吴玉章迎来了自己的七十寿辰。由于德高望重，在这个特殊的日子里，他收到了来自朱德、刘少奇等中央领导以及中共中央、中共中央华北局等部门、团体、个人的祝贺。

华北大学全体师生员工还为吴玉章举行了隆重的庆祝活动。吴老祝寿大会会场设在正定县天主教堂附属的礼堂里。这天，能容纳近千人的礼堂里座无虚席，庄严而热烈。寿堂正中两只彩灯高悬，松柏扎成的一个长方形大花环正中挂着的用棉花做成的“寿”字格外醒目，两旁的祝寿联幛为：“高举新中国文化旗帜；学习老寿星革命精神。”用面食做成的寿桃在寿堂前台一字排开，两支硕大的红蜡烛闪烁着欢乐的烛光。寿堂四周挂满了各单位、机关、团体和学校师生员工送来的贺电、贺信、贺幛、贺词。

当天的祝寿活动高潮迭起，吴老步入寿堂时，全场所有师生员工代表和来宾起立长时间热烈鼓掌。成仿吾副校长主持祝寿大会，并宣读了中共中央等单位和领导同志的贺信，同时还介绍了吴老的生平事迹和对革命做出的卓越贡献。成仿吾讲话后，由来宾及学校师生员工代表到吴老面前向他宣读贺信、贺词等，这时寿堂内再一次响起雷鸣般的掌声。华北大学幼儿园的一群小朋友表演了精彩的舞蹈，小朋友们把一朵大红花戴在吴老胸前，并齐声欢快地说：“祝吴爷爷健康长寿！万寿无疆！”寿堂群众为之又一次长时间鼓掌，把祝寿大会推向高潮。

祝寿大会结束时，吴玉章发表了热情洋溢的题为《永远随时代前进》的致辞。吴老在讲话中满怀深情地回顾了中国革命半个世纪以来的历程，深有感触地总结了自己五十年来的革命经历。最后吴老高兴地说：“现在我已七十岁了，是近代中国革命中更老的一代，但我还是随时代前进，决不做时代的落后者，我愿意和年轻的同志们一道学习马列主义和毛泽东思想，努力做革命工作，彻底打倒敌人，为新民主主义新中国的实现而奋斗。”

中共中央还为吴玉章老人的寿辰致电祝贺并在《人民日报》头版刊发，足以体现吴老在中国共产党中的重要地位——功垂史册、德高望重，体现了全党同志对他的无比尊敬和爱戴。

1949 年 3 月，根据毛泽东的提议，中共七届二中全会通过了“六条规定”，其中一条“不作寿”作为党的纪律，永远写入了党的文件中。

中共七届二中全会挂像

毛泽东在中共七届二中全会上

1949年3月，中共中央在西柏坡召开七届二中全会。会议是在西柏坡机关食堂里召开的。这个食堂是解放军到达西柏坡以后，自己动手盖起来的。

会场布置时，屋内北墙上挂着一块酱紫色的幕布，上有两面绣有“中国共产党”字样的党旗，党旗上方是领袖伟人的挂像。可会场挂像也是几经调换。最初工作人员在会场上悬挂的是马克思、恩格斯、列宁、斯大林和朱德、毛泽东的画像。3月5日那天，毛泽东一进会场便提出批评：开会不要挂我们的像，这样不好，应该挂马、恩、列、斯的照片。于是，第二天就挂了四位国际伟人的像，可大家议论纷纷，你一言，我一语，说法不一，说中国共产党的会议应该挂自己领导人照片，于是才将毛泽东和朱德的像挂上。幕布的两侧悬挂着“我们永远作你的好学生”和“没有人民的军队，就没有人民的一切”两面锦旗。为活跃气氛，又在东西两侧窗户间的白墙上各悬挂了四面党旗。

中国革命的胜利，的确是个伟大的奇迹。在普遍陶醉于胜利的情绪中时，作为一个非同凡响的政治家，毛泽东始终保持着清醒的头脑。他谆谆告诫全党：“夺取全国胜利，这只是万里长征走完了第一步。”“中国的革命是伟大的，但革命以后的路程更长，工作更伟大，更艰苦，这一点现在就必须向党内讲明白，务必使同志们继续地保持谦虚、谨慎、不骄、不躁的作风，务必使同志们继续地保持艰苦奋斗的作风。”根据毛泽东的提议，七届二中全会做出六条规定：一、不作寿；二、不送礼；三、少敬酒；四、少拍掌；五、不以人名作地名；六、不要把中国同志同马恩列斯平列。这六条规定被人们简称为“四不二少”。

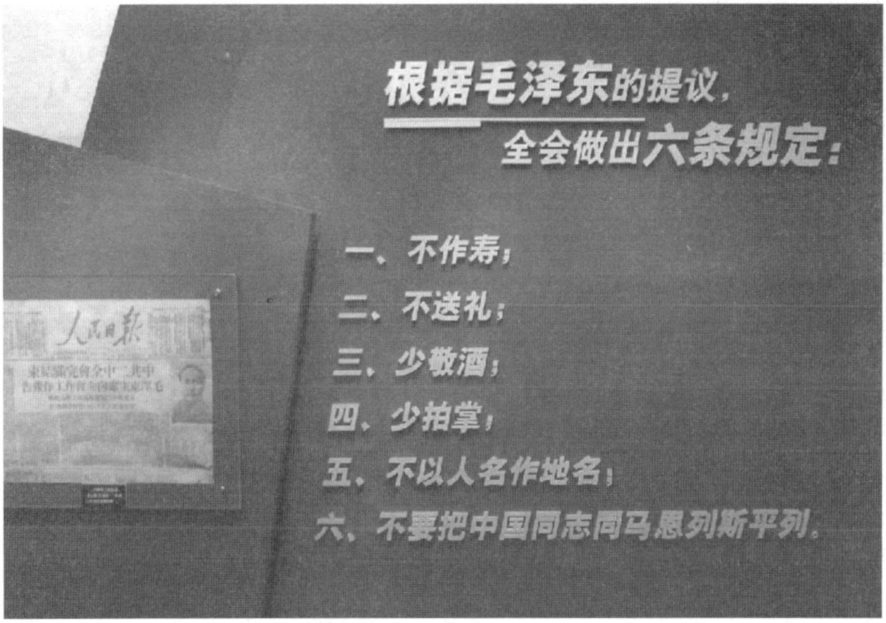

六条规定

实际上，在早前的1948年5月，为了培养解放战争和新中国需要的人才，中共中央决定成立华北大学。首任校长的吴玉章在给周恩来的电报中表示，想在华北大学成立典礼上提出“主要的要学习毛泽东主义”。他在电报中说，对这样的提法“是否妥当”，请周恩来“同主席和少奇同志商量后，赐以指示”。

毛泽东很快就做了回复。他指出：“现在没有什么毛泽东主义，因此不能说毛泽东主义，不是什么‘主要的要学习毛泽东主义’，而是必须号召学生们学习马恩列斯的理论和中国革命的经验。”毛泽东还指出：“另外，有些同志在刊物上将我的名字和马恩列斯并列，说什么‘马恩列斯毛’也是错误的。你的说法和后一说法一样，都是不符合实际的，是无益有害的，必须坚决反对这样说。”

两拒人民币印头像

一号人民币

1948年12月1日，中国人民银行总行在石家庄市中华北大街一座三层小灰楼内宣告成立，我国第一套人民币在此发行了。

早在1948年9月，中共中央在西柏坡召开了第一次政治局扩大会议，史称“九月会议”。会议的一项重要内容就是研究发展生产，统一财经问题。毛泽东强调：“金融工作，货币发行就必须先统一。”华北财经办事处主任董必武向中央建议，合并华北银行、北海银行、西北农民银行，组建中央银行，并建议中央银行的名称为“中国人民银行”。这个建议很快得到批准，并任命南汉宸为中国人民银行的第一任行长。

中国人民银行的筹备处建立后，第一件事就是设计人民币。董必武的字在解放区颇有名气，于是中国人民银行筹备处负责人邀请董必武为首版人民币题写了“中国人民银行”字样。人民币的票版是由晋察冀边区银行印刷局王益久和沈乃镛设计的。设计票版时，他们出于对毛主席的敬爱之情，把毛泽东像作为主图绘制在人民币上。

当票版报请中央审查时，被毛泽东婉言谢绝了。他说：我是党的主席，还不是中央人民政府主席，在人民币上印我的头像不合适。后来，董必武经过研究最后确定：以反映解放区工农业生产建设图景作为第一套人民币票面图案的设计原则，并且票子正面、背面，除必要的阿拉伯数字外，一律用中文，不用英文，立即请晋察冀边区银行根据这个原则重新进行人民币的设计。

毛泽东之所以反对在人民币上印领袖像，一则是毛泽东生平最不爱摸的东西就是钞票；二则是当时他反对宣传个人主义、搞个人崇拜。但是，中国人民银行筹备处的同志们那时并未真正理解这一点。中华人民共和国成立后，南汉宸当面请示毛泽东，他说："毛主席，您现在已经是中央人民政府主席了，人民币上可以印主席像了吧！"毛泽东笑了笑，回答道："中央人民政府主席是当上了，但当上了政府主席也不能印。在西柏坡七届二中全会上已做了决议，不以人名作地名，禁止歌功颂德，防止滋生骄傲自大、以功臣自居的现象。因此，现在也不能印我的像。"这时，南汉宸才理解了毛泽东拒绝把自己的像印在人民币上的真正原因。

中国人民银行旧址

不在人民币上印领袖像的意义重大，影响深远。它打破了在票版上印领袖像的传统习惯，确立了人民币票版的图案设计以反映劳动生产建设和各族劳动人民形象为主的设计原则，这在中华人民共和国成立后陆续设计发行的第二、三套人民币中得到了充分展现，这也是在毛泽东生前人民币上未出现领袖像的原因所在。

谁让你是毛泽东的儿子

毛泽东和毛岸英在一起

1948 年，26 岁的毛岸英与革命烈士刘谦初的女儿刘思齐在西柏坡相识相恋了。毛岸英长刘思齐 9 岁，他对结婚比较迫切，但刘思齐觉得不必太急，不过最后还是被毛岸英说服了。

毛岸英、刘思齐一起去见毛泽东，征求意见。毛泽东和蔼地说："你们俩都同意，我没有什么意见。你们俩接近、交谈，康克清阿姨早已给我说过了，我早同意了。结婚后，你们要好好工作，好好学习。"父亲同意了，两人非常高兴。

毛泽东又关切地向刘思齐问道："你正在学习，还没有毕业，现在结婚不怕影响你的学习?""结婚后好好安排，不会影响我的学习。"刘思齐认真地答道。

两个年轻人以为没什么问题了，该告辞了，谁知毛泽东突然问刘思齐："岸英是 1922 年出生的，你是哪一年出生的?" "我是 1931 年出生的。"刘思齐如实地回答。此时刘思齐差几个月才满 18 岁，按照边区政府规定是不合法的。"你还不到 18 周岁呀！过几个月满 18 周岁再结婚吧。反正我同意你们结婚，等一等好不好?"毛泽东建议。两人勉强表示同意，离开了毛泽东的办公室。

不一会儿，毛岸英火气冲冲地返回来，向毛泽东摊牌："爸，我们已经准备好了，明天结婚。"

毛泽东觉得有些突然，问道："不是告诉你暂时不要结婚吗?"

"我自己的事还是让我自己做主吧。"毛岸英着急了。

"你找谁结婚由你做主，结婚年龄不到，你做得了主吗? 那就要由制度和纪律做主。"毛泽东也生气了。

"岁数不到就结婚的人多着呢。"毛岸英争辩。

"谁叫你是毛泽东的儿子呢！我们的纪律你不遵守谁遵守?"毛泽东生气了，"我再说一遍，思齐不满 18 岁就不许你们结婚!"

毛岸英与刘思齐结婚照

毛岸英气得脸色发白，转身回去后，躺在床上，越想越窝囊，就哭闹起来，谁也劝不住。江青得到了报告，但觉得自己是后妈，不便于出面劝说，只好说："这事还是让他爸爸出面劝吧。"警卫员马上报告了毛泽东。毛泽东听了更为恼火，大步走到毛岸英的门口，大吼一声："毛岸英，你想干什么?"这一嗓子出来，毛岸英屋内立刻鸦雀无声了。

过了一段时间，毛泽东在村边散步，截住了试图躲着他走的毛岸英，关心地问："结婚的事想通了吗?"毛岸英低着头说："想通了，是我不对。"并说刘思齐也想通了，两人已商量好，过年以后再结婚。毛泽东听了很满意，表扬说："这才像我的儿子么。"

就这样，直至 1949 年中华人民共和国成立后，毛岸英和刘思齐才结婚。对于一生坎坷的毛岸英来说，幸福似乎总是短暂的。抗美援朝战争爆发后，毛岸英主动要求入朝作战。当时在毛主席身边工作的同志都反对岸英的决定，主席却给予了他极大的理解和支持。当有人为此劝阻毛主席时，主席回答说："谁叫他是毛泽东的儿子呢?！他不去谁还去?"听到爱子牺牲的消息时，主席沉默良久，缓缓说道：谁叫他是毛泽东的儿子！当前线提出把毛岸英的遗体运回国安葬时，这位年近花甲的老人在电文上醒目地写下：青山处处埋忠骨，何须马革裹尸还。

领袖和马夫

1948年的冬天，毛泽东的马夫侯登科，因积劳成疾，医治无效，在西柏坡病故了。当时正值三大战役最紧张的时期，为了不干扰毛泽东的工作，经有关领导研究决定，就没有把老侯去世的消息告诉他。

转战陕北时毛泽东骑马行军

毛泽东对侯登科同志是很有感情的。在艰苦的战争岁月，毛泽东用的三匹牲口都是由他喂养。尽管老侯比毛泽东年纪还大几岁，但为了跟随毛主席，为了毛主席的身体和安全，不管怎么劳累，情况多么紧张，他从来没有掉过队。他喂的牲口始终膘肥体壮，没有出过任何事情。

追悼会由任弼时主持，朱德总司令参加了追悼会，并讲了话。他说，侯登科同志把革命工作都看成是一样的光荣和重要，没有贵贱之分。他在喂马工作中不怕脏和累，从来不提个人的要求，是一个无名英雄。我们革命队伍中就需要这样的好同志。

过了好久，毛泽东才知道老侯去世的消息，他生气地问："老侯在我身边工作了多年，他病故了，这么大的事，为什么当时不告诉我呢?"毛泽东还说："老侯同志可是个好同志呀，他是河南人，从参加革命以后，就没有回过家。家中有老有小，为了革命，他把一切都献出来了。"

毛泽东的心情很沉重。他说："老侯干了一辈子革命，就当了一辈子马夫。他从来都没有不安心过，从来也没有看不起自己的工作。真正做到了不为名、不为利，一心为革命。要号召大家向老侯同志学习，干一行，爱一行，全心全意做好本职工作。"

以后，毛泽东还经常提起老侯，说老侯同志有许多长处，做了许多好事，这样的好同志，真是叫人永远难忘。

毛泽东教农民插稻秧

油画《毛泽东教农民插稻秧》 全祝明创作于1977年

在西柏坡的日子里，毛泽东是忙碌的，他夜以继日地工作，屋内如豆的灯火常常燃到东方发白。但是在工余时间，他还时常到村外的田边散步，一边查看庄稼的长势，一边询问老乡收成如何，能不能吃饱等问题，对西柏坡的老百姓十分关心。

在西柏坡村前有片苇塘，随着夏季的到来，塘水深深，苇叶青青，使这小小的山村更加秀丽。但水塘里的青蛙却不知疲倦，拼命鸣叫，给安静的山村平添了一份噪声，严重地影响了毛泽东等人的睡眠。这些青蛙真难对付，你走近了，它就不叫了，你刚一离开，它们就又叫起来，而且此起彼伏，响声汇成一片。一天下午，毛泽东照例出来，沿苇塘边散步，随行的警卫员趁机向毛泽东说："主席，你看这苇子地里，尽长害虫，蚊子也多，最讨厌的就是青蛙，一天到晚不停地叫，吵得人睡不了觉。"并提出用枪打、炸药炸、用人赶等各种办法进行处理。

正在散步的毛泽东忽然停了下来，摇着手说："同志呀，使不得，使不得！青蛙不是害虫，是益虫。如果我们把它们都赶走了，青蛙该叫的时候不叫了，老乡们会有意见的。"说到这里，毛泽东停顿了一下，意味深长地说："我们住在这里，时间或长或短，都是暂时的，老乡们呢，他们是永久的。要尊重他们的意见。我们要爱护西柏坡的一草一木，尊重和爱护人民群众，不能用我们的喜恶论是非，定行止。"

等走到田间时，毛泽东看到西柏坡村外田地里，花生、玉米等作物长势很好，只有稻田里的秧苗显得很细弱。他马上停下脚步向一位正在稻田里拔草的农民了解情况，用浓重的湖南口音问："你们这里种稻子不是插秧吗?"一边说一边做了个插秧的动作。这位农民解释说："不是，俺们这里没有栽过稻子，都是直接往地里种。"毛泽东又问："一亩地能打多少啊?""好年成顶多打两石（180 斤为一石），平常年景也就打一石五六。"农民回答。

毛泽东说："这么好的地打这么点稻子，产量太低了。我的家乡也种水稻，一亩地能产七八百斤，我们那里不是直接播种，都是先育苗后插秧，稻子长出来后，又粗又壮，一亩地能打七八百斤呢！不信，你明年试一试。"因为毛泽东湖南口音较重，那位农民听得有些似懂非懂，站在旁边的杨尚昆怕农民听不懂，又把毛泽东的话给他"翻译"了一遍。这位农民叫阎志亭，当他事后得知教他种稻子的人就是毛泽东时，激动地把这件事讲给了村里的乡亲们。从此，这件事就流传开来。

1949 年 3 月，毛泽东离开西柏坡进北京了，可他仍念念不忘西柏坡乡亲们种水稻的事情。1958 年 6 月，毛泽东特意让中共中央办公厅给西柏坡村乡亲写信，让他们到水稻高产的涿县（今涿州市）去学习。当时的西柏坡村村长阎连章接到来信，急忙跑到打麦场向乡亲们报喜。乡亲们争先恐后地传看着来信，觉得十年过去了，毛主席仍惦记着他们，心情十分激动。村民们都积极踊跃地报名，村里为了保证正常生产，最后决定选派阎连秀、王志远两人作为代表去参观和学习。

功夫不负有心人。阎连秀、王志远经过学习观摩，终于将先育苗后插秧的水稻种植方法带回了村里。这种种植方法使西柏坡村的水稻产量大大增加，很快周围的村子也纷纷效仿起来。据村里的老人讲，有一年西柏坡的水稻长得特别好，人从稻田的一边推动稻子，稻浪就会推到稻田的另一头。这虽然是传说，但也由此反映出西柏坡群众的种稻技术确实大大提高了。

“可不能忘了我这个姓毛的乡亲哟！”

西柏坡毛泽东旧居

西柏坡时期，毛泽东特别忙碌，用日理万机形容一点都不过分。尽管如此，他还是在百忙之中抽出时间，带领中央领导和工作人员参加麦收、打场等劳动，参加村民欢庆中秋、春节等活动，与乡亲们同甘共苦，结下深厚情谊。一天下午，云淡风轻，西柏坡村阎九林独自在田里聚精会神地培育南瓜秧苗。晚饭后散步的毛泽东突然站立在他的面前，阎九林惊喜得如同耳闻一声春雷，都忘记向毛主席问好。旧社会，他祖辈父辈用生命换来的财富多半落入富人手里，住不得温，食不得饱，穿不得暖，又没有避开国民党的监牢。自打他心里有了朱、毛红军，才意识到他是个人。他已看到过朱德、周恩来的质朴，还未目睹过毛泽东的平易近人。

“哈哈，西柏坡，大都姓阎王爷的阎，你也和阎王爷是一家吧?”毛泽东主动与阎九林搭讪，平易、亲切而又风趣。

阎九林惊喜难抑，等毛泽东与他平易、亲切地交谈一番之后，他开始习惯地挺一挺胸膛，晃一晃膀子，自豪但却文不对题地说：“阎九林很不简单!”

“你阎九林的确很不简单，瞧你培育的瓜秧多么肥壮!”毛泽东笑呵呵地赞扬着，伸手拉一拉他，又同他一起蹲下拉起了家常，还要过小锄，要学习培育瓜秧，说：“老阎啊，我们不能只动口不动手。请您允许我拜您为师，跟您学徒，您教会我如何栽培瓜秧好吗?”

阎九林一时忘记毛泽东是党的领袖、他崇敬的伟人，竟然毫不谦辞地应诺为毛主席做师，应得很痛快：“主席，成！成!”毛泽东只让阎九林动口不动手。

阎九林吩咐毛泽东将一株疯长的瓜蔓拧两遭再压入坑内，毛泽东害怕瓜秧受损，一拧未拧埋进坑里。

阎九林不禁发火：“不拧它两遭埋下就会长疯不给结瓜！知道不知道？……”阎九林很快意识到自己的失礼，迅疾停顿。

毛泽东更加平易、亲切：“说嘛，说嘛!”“阎九林脾气不好。”“没有关系，严师出高徒!”

这一交往，两人就熟悉了。毛泽东在与阎九林的交往中了解到，有些人家或为人手不齐，或为农具不够影响生产而忧虑。于是，他向村民介绍了陕北农民组织变工组的经验。受此启发，西柏坡成立了第一个变工组，解决了一些农民的困难，获得了好收成。组员们称颂毛主席的主张好，说毛主席的心和乡亲们的心是连在一起的。

1949 年 3 月 23 日，毛泽东、朱德、刘少奇、周恩来等率中央机关和人民解放军总部人员离开西柏坡，乘汽车前往北平。听闻党中央离开西柏坡的消息，乡亲们纷纷赶来送行，毛泽东频频回头挥手，依依惜别。毛泽东找房东话别，留下了自己的信箱号码，邀他到北平去做客，最后发自内心地说：“我也是西柏坡人哩，可不能忘了我这个姓毛的乡亲哟!”

毛泽东常说：“我们共产党人好比种子，人民好比土地。我们到了一个地方，就要同那里的人民结合起来，在人民中间生根、开花。”在西柏坡时期，毛泽东与人民群众的关系，正是种子与土地关系的生动写照。

只见公仆不见官

朱德视察晋察冀部队

“只见公仆不见官”一语，出自1946年12月朱德在他六十岁生日时和董必武原韵所作两首诗中的第二首：“历年征战未离鞍，赢得边区老少安。耕者有田风俗厚，仁人施政法刑宽。实行民主真行宪，只见公仆不见官。陕北齐声歌解放，丰衣足食万家欢。”这短短八句诗，特别赞扬了当年广大干部发扬党的优良传统和作风，同群众鱼水深情，紧密团结而带来的新气象。

石家庄战役前，朱德视察炮兵部队时讲话

战争年代，干部、群众之间只有分工不同，没有高低贵贱之别。“吃的是一锅饭，点的是一灯油”，情深意厚，亲如一家，“只见公仆不见官”。无可置疑，如果我们党没有好的党风，就不可能得到人民的支持拥护；夺取革命战争胜利，也是不可能的。从 1947 年 5 月到 1949 年 3 月，朱德总司令在西柏坡生活工作了近两年的时间。在这段走向革命胜利的日子里，朱总司令特别注重发展军工生产。中央工委到达西柏坡后不久，一天朱总司令去北冶的三三兵工厂视察，回来时乘坐着一辆破旧的吉普车。汽车颠簸着行驶在坑坑洼洼的山路上。山路不平，车子破旧，时不时要停下来修一修。翻山越岭开了大半的路，没想到在滹沱河滩上车子被陷住了。

大家急忙赶上去推车。新来不久的警卫员刘万帮正好扶在吉普车的后窗处，他猫着腰，咬着牙使劲往前推，忽然他从车窗里看见坐在车内的朱总司令不见了，回头望望没有人影。他看看左右，三个警卫战士都在用力推车，三人的脑瓜上都冒汗了。他想，不管怎么着，总不能把首长一人留在岸边，太危险了，车子冲走了也是小事，找人才是大事。于是他也顾不得说一声，扔下车子就往回跑。

大家把车子推上岸后，几个人坐在对岸的沙滩上，等着他回来。河面并不宽，只有30多米，对岸人的眉眼都看得清清楚楚，他们穿的灰色旧军装，布纹虽然看不清，但可以看出是粗棉布的。对岸人等得不耐烦了，见他着急地从苇地那边走过来，就问："找到了吗?""没，没找到!"是着急的声音。

"你到底丢什么了?"

小刘站在岸边，眼睁睁望着对岸的伙伴们，见他们不着急不着慌的样子，着急地问："咱们的首长哪儿去了?"

听到他这句话，对岸的人"哄"的一声笑了。

大家这么一笑，小刘直纳闷儿，定睛一看，咦，朱总司令在那儿好好地坐着呢！原来他把总司令当成普通士兵了。尤其是，他万万没想到总司令会跳到河里跟战士一起推车！伙伴们你一言我一语地笑他，他低着头红着脸，一句话也不说。

朱总司令却说："小刘不把我当总司令，这正是对我的最高评价。"

朱总司令是那样伟大，又是那样普通！作为一军之长，他完全没有一点儿架子，是那样和蔼可亲、慈祥谦逊，正如他的诗里所说："实行民主真行宪，只见公仆不见官!"

朱总司令的大寿

1948年12月1日是朱老总的六十二寿辰，于是中央给朱老总放假一天，实际上也是避寿，由任弼时同志陪同到滹沱河边度假休息。

朱德、康克清在西柏坡旧居前合影

朱老总认为这是一个到各处走走的好机会。于是上午十点多，两人乘坐一辆美式吉普车从西柏坡出发了。他们先到西岗南村看望了军委二局二处一科的同志，接着又来到二局局部驻地东岗南村。午饭后稍事休息，朱老总一行又去看望了一处的同志，并给大家讲了话，勉励大家好好工作。晚饭，朱老总是在二局食堂吃的，每人一碗白米饭。当米饭端来时，任弼时同志含笑问二局局长戴镜元这里有没有挂面？说朱老总爱吃面条。戴局长忙说有，并马上去食堂安排。戴局长一边走，一边心里嘀咕，朱老总和任弼时都是南方人，应该爱吃大米饭才对，怎么说朱老总爱吃面条呢？一会儿，炊事员端来了挂面，戴局长给朱老总和任弼时同志每人盛了一碗，自己也来了一碗。

这时任弼时同志才说：“老戴呀，你知道为什么叫你做面条吗？因为今天是朱老总六十二寿辰，我们大家来给他庆寿，共进一碗长寿面。”说着端起了碗。朱老总笑了笑，说：“算了，算了，别说那么多了，我们一块儿吃吧。”这时，戴镜元局长才知道，原来今天是朱老总的生日。于是他通知机关全体人员，晚上在尚家湾天主教堂开联欢会。当天晚上，在尚家湾一座破旧的天主教堂里，朱总司令还用洪亮的四川普通话给大家讲了当前的战争形势。

朱老总讲话之后，二局领导请任弼时同志讲话。任弼时说：“我是陪总司令来看望大家的。今天是总司令六十二大寿，让我们大家共祝总司令健康！我看晚会可以开始了。”接着敲起了锣鼓，同志们欢快地跳起了秧歌舞。

一套金属桌椅

朱德用过的金属桌椅

在西柏坡中共中央旧址，朱德的会客室里陈列着一套折叠桌椅，共一张桌子，两把椅子。这套桌椅全部用铝合金制成，桌子的桌面为正方形，边长为77厘米，高68厘米，桌腿为空心，桌面与桌腿用铆钉固定；椅子面长90厘米，宽42厘米，有靠背，坐面略显“S”形，各部分均用铆钉固定。这套金属桌椅是山东孟良崮战役的战利品，在西柏坡时期和进入北平后的一段日子里，朱德一直使用着它。

1947年5月13日，我华东野战军发起著名的孟良崮战役，16日战役结束。全歼国民党整编第七十四师及整编第八十三师一部，俘敌19670余人，毙伤13000余人，敌整编第七十四师师长张灵甫、副师长蔡仁杰被击崶。并缴获敌第七十四师师长张灵甫的金属桌椅和一支勃朗宁手枪。

1948 年 5 月 11 日，朱德总司令在陈毅和粟裕的陪同下到濮阳视察工作。第二天，陈毅把这套缴获来的金属桌椅和勃朗宁手枪一并赠给朱德总司令。总司令在视察工作结束后，把它带回西柏坡，摆放在会客室。从此，这套桌椅伴随总司令在西柏坡度过了无数个日日夜夜。党的七届二中全会上，中央领导和各大战场的将领们围坐在金属桌旁召开小组讨论会。1949 年 3 月，朱德总司令带上这套金属桌椅一同赴京建国。

1976 年，西柏坡纪念馆负责同志在北京访问老同志征集文物时，获悉这套金属桌椅仍被朱委员长保存着，便想把它征集回馆补充陈列内容，于是通过任弼时的儿子任远远向朱委员长转达此意见，后又以西柏坡纪念馆的名义给朱德委员长和康克清大姐写信，向他们汇报了西柏坡朱委员长旧居的情况，并提出征集金属桌椅的请求。6 月 16 日，朱委员长身边的工作人员李廷良、白万通两次将金属桌椅和一封信送到纪念馆负责同志的住处，信上写道：

西柏坡纪念馆负责同志：

根据你馆 4 月 12 日给康克清同志的信所提要求，现将朱委员长在西柏坡时曾经使用过的战利品［铝桌（1）铝椅（2）］送去，请查收。

经询问有关同志，此战利品是孟良崮战役缴获张灵甫的，战役结束后，朱总司令给部队讲话时，陈毅同志赠给朱总司令的。

顺告

朱委员长处

1976 年 6 月 16 日

李廷良同志交了信和桌椅后说：朱委员长今晨见到桌椅后询问，椅子一共四个，怎么只剩下两个呢？我们说，现在只找到两个。朱委员长又特别叮嘱：那两个找到后，也要送给西柏坡纪念馆，因为它们是我在那里使用过的。

6 月 18 日，纪念馆同志把这套金属桌椅运回西柏坡，使它又回到了朱德的会客室里。这套金属桌椅无声地向人们诉说着朱德和陈毅两位无产阶级革命家的真挚友谊，诉说着硝烟弥漫的山东战场和艰苦的战争岁月，昭示着生长在新时代的我们要珍惜这来之不易的幸福生活。

1997 年 5 月 23 日，这套金属桌椅经国家文物局革命文物鉴定组鉴定为国家一级文物。

简朴的婚礼

刘少奇和王光美在西柏坡的合影

1948 年 8 月的一天，在中央机关的工作人员中，流传着这样一个“新闻”：“刘副主席要结婚啦。”“我们要吃刘副主席的喜糖了！”

工作人员们这样说着、议论着。

可谁也没想到，结婚那天，刘少奇在办公室里整整工作了一天。傍晚，他才把在身边工作的陈秘书和机要通信员齐建花叫到身边说：“今天要成亲了，光美同志不好意思，你们去接接她。”

当时，王光美在中央外事组编译处工作，住在距西柏坡十几里的柏里村。陈秘书和齐建花等几位同志把“新娘子”王光美从柏里村接到了西柏坡。

那天的婚礼晚会在中央秘书处大院举行。晚饭后，中央机关各部门的同志们都陆陆续续地来到了大院。大家在大院里摆放了四张办公桌，凑了个主席台，有几个小青年还搬来了锣鼓琴弦。夜幕降临了，大院的灯一下子全亮了，灯光照着人们一张张喜盈盈的笑脸，照着鲜艳的彩旗。几个年轻人轻轻拨起了琴弦。

不多时，刘少奇和王光美便来到了大院。人们热烈地鼓掌欢迎，一群青年人说笑着把他俩拥上了主席台。刘少奇和王光美笑着给人们分发喜糖和瓜子儿。不一会儿，周恩来、朱德、叶剑英等中央领导同志也来了，大家使劲地鼓掌，把他们让到了主席台上。大院里充满了欢乐的气氛。人们嬉笑着，吃着喜糖，嗑着瓜子儿。王光美给首长们和前边的同志们一个个点着香烟……

吸过一根烟之后，朱德总司令操着浓重的四川口音说道："今天是刘少奇和光美同志结婚的日子，我们欢迎他俩给大家出个节目好不好?"

"好!"院内掌声齐鸣。刘少奇看了王光美一眼，笑着说："出个什么节目呢?"

"我们给大伙儿唱个歌吧!"王光美低着头说。于是，刘少奇和王光美给大家演唱了一首在延安流行的歌曲《南泥湾》:

"花篮里花儿香，听我来唱一唱……"清脆嘹亮的歌声在大院里起伏回荡，人们再一次热烈地鼓掌。

掌声停息后，周恩来站了起来，左手扶桌向大家说："我建议把延安晚会的热闹劲儿，也带到西柏坡来。大家腾腾地方，让少奇和光美给我们跳个舞嘛!"

不一会儿，人们把大院中间腾出了一大片空地方。在同志们的热烈欢迎下，刘少奇和王光美来到院中央，在一阵"蹦嚓嚓""蹦嚓嚓"的乐曲声中，他俩大大方方地跳起了交际舞……

后来，在刘少奇和王光美提议下，会跳舞的同志也都跳了起来。几个勇敢的女青年拉着朱总司令和周副主席也加入了跳舞的行列。自延安转战到西柏坡后，首长和同志们好久都没有跳过舞了，这天又是刘副主席结婚的日子，因而同志们跳起来也都特别高兴。大家跳啊、跳啊，一个个跳的是那么轻快，那么开心。

刘少奇同志办公室内景

这次婚礼晚会一直进行到晚上十点多钟才结束。据当时在中共中央大院工作的韩桂馨回忆：那时的结婚条件不可能有更丰富的内容，在那时很简单，有一个蛋糕，还是自制的，有点发黑。她第一次看见蛋糕，觉得很隆重，觉得还有结婚仪式，气氛很浓。现在看来，晚会虽然简朴了些，可大家都非常满意。因为大家不仅吃到了刘少奇和王光美的喜糖、蛋糕，而且刘少奇婚礼简办的伟大形象也永远留在人们的心里。

雨夜救亲人

周恩来用过的马灯

1948 年 7 月 30 日，已是深夜十一点了，西柏坡岭下周恩来副主席办公室的灯光仍然亮着，他正在专心办公。突然，一名警卫员气喘吁吁跑来说：“周副主席，后山有座窑洞被雨水冲塌了，有五位同志被埋在里面……”警卫员的话还没有说完，周副主席早已站起身来，匆匆披上雨衣，提起马灯，果断地说：“走，到现场看看去。”话音未落，周副主席早已跨出屋门，抓起把铁锹，冲进被夜幕笼罩的大雨中，向出事的地点奔去。

1948 年的夏天雨水特别多，一连几天的瓢泼大雨，个别地方还出现了山体滑坡和泥石流。因为窑洞紧贴着山根，山势低，进入雨季后，隔三岔五地下雨，结果后山墙被浸泡变软，整个顶子就塌了下来，把正在休息的五位同志埋在了里面。事故发生后，战友和老乡们立刻赶到现场挖土清淤。周副主席提着马灯赶到现场，急切地问道："怎么样，挖开了吗?"大家看到周副主席像是见到了救星，边挖土边汇报。看到大家疲惫的样子，周副主席扭过头冲警卫员喊道："快，通知警卫连，全体出动，马上赶到这里。"接着，周副主席把马灯递给身边的战士，迅速挥锨挖了起来。

天越来越黑，雨越下越大。哗哗的雨水淋在人们身上，犹如露天淋浴，湿衣服紧紧贴在身上，但谁也不觉得凉。大家怀着抢救战友的热切心情，不顾窑洞再次坍塌的危险，争先恐后，挥锨抡镐，用力挖土。雨中的周副主席时而扬起马灯，时而挥动铁锨，指挥着、忙碌着，手中的那盏马灯显得格外明亮。忽然，周副主席大喊一声："快躲开!"大家抬头一看，高高的土崖上又裂开了一条大缝。千钧一发之际，周副主席指挥着几个战士到土崖上捅掉了裂开的石头土块，才排除了险情。

大家在窑洞口轮班紧张地挖着刨着，时间一分一秒地过去了，人们的心情也越来越焦急。突然有人惊喜地喊道："挖到了！挖到了!"大伙忽地围了上去，从穿的鞋子认出是理发员曹庆卫。周副主席高举马灯，把雨衣一甩，连声说道："快、快，别用铁锨，用手挖，不要伤了人。"人挖出来后，由于缺氧时间过长已停止了呼吸。周副主席轻轻抹去他脸上的泥土，这个白天还活蹦乱跳、爱说爱笑的年轻小战士，平时常埋怨领导们工作忙没时间理发而千方百计地缠着给他们理发的小战士，如今就这样一声不吭地走了，大家的眼睛湿润了。

雨渐渐小了，在周副主席的指挥下，大家眼含热泪地挖着。终于，奇迹发生了，在窑洞底一个三尺宽的空隙里，四个人紧紧拥靠着，无声无息，身上没有一点伤痕。很明显是因为隔断空气后，把人闷坏了。周副主席立即命令司机开车，将四人送往中央医院抢救。当被救的同志脱离危险时已接近黎明。

抢救结束后，大家都回去休息了，周副主席却又提着马灯和警卫员挨家挨户地检查其他窑洞和宿舍的安全，防止类似悲剧的发生。当检查到郭富泰等人住的窑洞顶上有几处渗水时，周副主席当机立断，让大家立刻离开窑洞，并踏着泥泞亲自送他们一家人暂时住进中央大院的大伙房。没想到刚刚搬出来不久，他家的窑洞就“轰”的一声倒塌了，郭富泰一家幸免于难。

毛泽东主席听说曹庆卫去世的消息后，沉痛地说：“小曹前几天还给我理发呢！前方打仗牺牲不可避免，后方要尽量避免不必要的牺牲。告诉机关的同志，一定要把小曹的后事处理好。”第二天，中央机关为曹庆卫同志举行了追悼会，人们怀着沉重的心情，为这位年轻的战士送行。毛主席有紧急工作待处理没能参加，写了“哀悼曹庆卫同志”的挽词，朱总司令、周副主席都参加了追悼会。周副主席说：“在革命战争年代，我们的同志互相帮助，互相关心爱护，团结一心，革命才能成功。曹庆卫同志的去世，我也有责任呀。”会后，朱总司令和周副主席一起为曹庆卫抬棺送葬，挥锹埋土。

之后，周副主席在去看望受伤的同志时沉重地说：“是我们的工作大意，让你们吃苦了。”听了周副主席的话，被抢救过来的四位同志感动地流下了热泪。他们激动地说：“是周副主席和同志们给了我们第二次生命。”领袖和普通战士之间平等相处、亲如一家人，这正是中国共产党的伟大之处。

一个茶缸盖

周恩来用过的茶缸

到西柏坡瞻仰过周副主席旧居的人都知道，在他办公室的东墙上，挂着一幅照片。照片上，周副主席正手握毛笔批阅文件，面前放着一个搪瓷茶缸，茶缸上盖着一个茶缸盖——不，不是茶缸盖，而是一个小碟子。为什么周副主席要把碟子当盖儿用呢？

1948 年冬的一天，警卫员成元功见周副主席外出回来，就赶忙提来水壶，要给周副主席倒杯热茶。本来茶缸上的搪瓷早已脱落了三四块，很是破旧，早该换了，可今天又发现茶缸盖也变得黑一块白一块，坑坑洼洼，歪歪扭扭，怎么也盖不严了。这是怎么回事？他一打听才知道，原来在周副主席回来的路上，茶缸盖从汽车上掉了下来，被轧成了这个样子。

茶缸是周副主席每日不可缺少的生活用具。如今盖儿不能用了，茶缸也破旧得不像样子，成元功就想去供给处换个新的来。这件事情想着容易，真要办成就难了。因为周副主席一向俭朴，他的日用品，能将就用的，从来不轻易换新的。这次成元功想先换后说，所以，他趁周副主席聚精会神看文件时，就悄悄把茶缸拿了出来，三步并作两步走，到供给处找科长老陈去了。

老陈正在清理账目，见成元功来了并拿着周恩来用过的茶缸，一下子明白了，马上把早准备好的白净净、光亮亮的新茶缸递了上去。成元功心里一阵惊喜，没想到，事情这么顺利，赶紧说："快给我吧！"老陈说："等一等！"只见老陈又把橱门关上，说："刚才刘参谋来，说周副主席的茶缸盖轧坏了，趁机给他换个新缸子。我想，就这样去换，周副主席准不答应。我计划今天吃饭时，用新茶缸盛着汤端去，顺便把旧茶缸拿出来，这样……"成元功一下子笑起来，心想，还是老陈行。

开饭时，成元功照计划用新茶缸给周副主席端了汤来，饭后又用新茶缸倒上茶水。他轻轻地走出屋来，想不声不响地溜走，哪知周副主席伸手一端茶缸，发现换了新的，就叫住了成元功，并微笑地看着他，待了足有十来秒钟，才说："你又跟我要什么花招？旧茶缸呢？"成元功恳求地说："茶缸送到供给处去了，盖儿也坏了，我看实在不能用了。"周副主席说："旧点怕什么，只要不漏水就没关系。"然后接着说："盖儿，我早准备好了。"周副主席说着站起身来，从箱子式的书架上拿出一个粗瓷小碟子盖在茶缸上，说："这不正合适吗？"然后又意味深长地说："同志，人民的解放事业需要我们这样做呀！"

时间一天天过去，直到党的七届二中全会期间，周副主席还使用着那个旧茶缸和那个很别致的茶缸盖——粗瓷小碟子。

周恩来的收讯机

周恩来使用过的收讯机

西柏坡纪念馆收藏着一台交直流两用收讯机，是许昌战役的战利品，是陈毅元帅送给周恩来同志的。在西柏坡时期和进入北平后的一段日子里，周恩来一直使用着。收讯机长 47 厘米，宽 24 厘米，高 22 厘米；上开盖，正前面有大小七个旋钮，一个喇叭，大小仪表两个，底面有四个短足；铁质，呈青色，部分部位漆皮脱落，收音、发报两用。

1947 年 12 月 13 日至 22 日，为策应刘邓大军在大别山的反围攻作战，陈毅、粟裕在平汉、陇海路组织指挥阻击战。12 月 13 日夜对平汉路郑州至许昌段发起战役，当晚包围许昌，15 日全歼守敌 6500 余人。战斗中缴获敌人交直流两用收讯机一台，战后由华东野战军司令员陈毅同志使用。

1948年5月，为加强中原的领导力量，根据中央军委的指示，陈毅、邓子恢同志将前往中原，军委后勤部部长杨立三同志到濮阳协助精简整顿华野庞大的后方机构。杨立三到达华野驻地濮阳后，同陈毅、邓子恢共同研究了华野的整顿精简方案，并建议杨立三和粟裕到彰城具体安排。

临行前，陈毅委托杨立三把许昌战役中缴获的交直流两用收讯机，带到中央送给“恩来、小超”。并附信一封，信中说：“此美国新出品，许昌战役缴获品，你们有电灯，利用其开动起来十分好，夫妇俩可以在屋内跳舞，‘明日即西去毫无留军队之意’。”落款是5月29日，亲笔。

1948年，周恩来与邓颖超在西柏坡

杨立三回到西柏坡后，把信和收讯机交给了周恩来同志。周恩来阅信后，心情十分激动，特意亲笔批转毛泽东、刘少奇、朱德、任弼时同志传阅。从此之后，这台收讯机伴随周恩来和他的战友们，度过了在西柏坡的日日夜夜，给他们带来了许多幸福和欢乐。1949年3月，党中央离开西柏坡迁往北平，这台收讯机也随主人住进了中南海。周恩来十分爱惜这台收讯机，一直把它带在身边，新中国成立以后又使用了十年之久。

1960年，周恩来夫妇将这台收讯机送给了他们的养女孙维世（孙炳文烈士的女儿）使用保存。在“文革”期间，孙维世不幸受到迫害，这台收讯机转给妹妹孙新世保存。但为了安全起见，孙新世把它转到了四川成都的姨母家珍藏起来。

1977 年 4 月，时任西柏坡纪念馆的白占基馆长到北京征集文物，在周恩来西柏坡时期警卫员成元功的介绍和帮助下征集到了这台交直流两用收讯机。

今天，这台收讯机又回到了西柏坡周恩来同志的故居。它无声地向人们诉说着老一辈无产阶级革命家的真诚友谊，诉说着周恩来同志艰苦朴素的创业精神，也诉说着十年浩劫给我们民族带来的巨大灾难。

1997 年 5 月 23 日，这台交直流两用收讯机被国家文物局革命文物鉴定组鉴定为国家一级文物。

小孩子得救了

董必武旧居

在西柏坡，流传着一个董必武夫妇救小孩的故事。一天，董老夫妇在村中的小菜园劳动完，提着一篮西红柿往回走，路过一棵柿子树旁时，发现碾子上放着一个小孩。走到跟前仔细一看，原来是房东的孩子，闭着眼睛，一动不动，身子底下铺着一抱谷草，准备“扔掉”。何莲芝摸了摸孩子的鼻孔，还有点微微气息，又把耳朵贴近孩子的胸脯听了听，心脏还在轻轻地跳动。“准是急病，快，快送医院！”董老关切地说。

何莲芝抱起孩子，顺着门前的大路，直奔东柏坡中央医务所。她对医生说，这是房东的孩子，快想办法救救。经化验，孩子是食物中毒，需要住院。医生说，孩子病情重，需要他妈妈陪护。何莲芝说，别找他妈妈了，就我陪吧。何莲芝抱走孩子后，董老一直挂记着，他派遣警卫员去看过一次，知道病情有了好转，才稍稍放了心。而何莲芝陪护孩子，一连陪了好几天。

原来，孩子的妈妈把孩子放在碾盘上，回家不多会儿，又出来看孩子是否断了气，却不见孩子的影儿，以为是邻居把孩子扔掉了，便去找邻居打听。邻居安慰说："孩子不行啦，不管谁替你扔出去，总比你当娘的扔掉心里好受些，往后就别再挂记啦。"后来，她得知孩子已被送往医务所抢救时，心里才得到了一丝安慰。过了几天，何莲芝抱着孩子回到了家里，还给房东，房东高兴地连说："谢谢，谢谢您救了我孩子一条命。"

编辑部的故事

胡乔木

1948年5月，中共中央到达西柏坡后，为加强新闻宣传工作，新华社迅速决定抽调一些业务骨干组成班子，在胡乔木领导下编写和处理重要稿件。大家习惯地称这个总编室为“小编辑部”，这是相对于总社“大编辑部”说的。

西柏坡新华社总编室，担负着对各地来稿的审稿和编写新闻、评论的任务。西柏坡新华社总编室的工作人员，先期只是在中央领导及胡乔木领导下编写和处理稿件，后来随着形势的发展，增加了在此集训干部的任务。这段时期，总编室开展工作有两种方式。一是日常工作与集训相结合。为促进大家的学习，胡乔木把日常业务工作与集训工作联系起来，每天晚上召开编辑会议（被戏称为“记者招待会”），大家各抒己见，议论风生。胡乔木谈对当日稿件的审阅意见，大至方针政策，小至标点符号，从主题思想至文字技巧、错别字等他都严格要求，评点入微。曾彦修后来回忆起那段岁月时，无不感慨地说：“那时稿子就是教科书，胡乔木自己又是班主任又是主讲教授。”吴冷西曾回忆，有的稿件，被胡乔木从头到尾批得体无完肤，要求重新撰写；有的稿件经过三次、四次返工才获通过。像范长江这样经验丰富、全国闻名的老记者，写的一篇战局评论也受到过胡乔木的严厉批评。事后范长江对吴冷西说，如果不是在随毛主席转战陕北过程中经常看到陆定一和胡乔木起草的稿件被毛主席修改得等于重写，很受教育，他根本接受不了胡乔木的意见。要是在《大公报》，他早甩手不干了。田林也对此记忆犹新：“刚来西柏坡的编辑们有的对这样的严格要求非常不适应，感到有压力，稿子编写出来后，犹豫再三，不敢送审，怕通不过。时间一长，同志们便逐渐适应了，都感受到在乔木领导下工作，自己的政治水平和业务水平都提高得很快。”

新华社小编辑部

二是行政和业务两手抓。当时，总编室要求编辑行政负责干部必须把主要精力放在写稿、编稿上，不能只忙于日常编辑行政事务。方实回忆道：“在一次宣布编辑部组织机构和人事变动的会议上，胡乔木着重指出：

过去编辑行政负责干部脱离编辑业务，好的编辑人员被提升为编辑行政领导后，即脱离业务，忙于行政工作，致使编辑工作质量不能提高，这是党的新闻事业的一个损失。今后必须纠正这个偏向。一切编辑行政负责人必须同时又是强有力的编辑工作者，行政业务要尽可能减少，主要精力应放在写稿编稿上面，编辑组长、主任及至总编辑都应当这样做。”梅益回忆说：“这个短期的训练非常重要，非常及时。在西柏坡工作过的同志，1949 年 3 月进入北平后，大都成了中央各新闻机关的重要负责人。”

1949 年 3 月，新华社总编室随同中共中央离开西柏坡迁往北平，揭开了新华通讯社历史上崭新的一页。

战争年代的婚礼

新华社驻西柏坡旧址

西柏坡时期，新华社机关驻在西柏坡附近的陈家峪村。新华社青年人多，结婚的人也比较多，并且由于他们知识“含量”较高，婚礼也独具“新华社风味”，颇有文化底蕴，使本来很普通的婚礼办得热烈喜庆、多姿多彩。

著名的中共党史学家廖盖隆和夫人李蓬茵就是这时结的婚。

廖盖隆，广东信宜人。西柏坡时期，他担任新华社国民党区新闻部主任，李蓬茵则在《参考消息》编辑部工作。1948年秋，这对革命恋人原本将婚期定在了十月革命节，并向组织递交了结婚申请报告书：我俩拟在十月革命节（11月7日）结为夫妻，请组织批准。两人将结婚申请正式递交给党组织后，没想到社长廖承志在结婚申请上写下了“非常恭喜，祝幸福！”的热情贺语，两颗年轻的心深切感受到了党组织的关怀和爱护。

然而，就在两人期盼的佳期即将来临时，却出现了“意外”波折。原来，蒋介石为挽救其崩溃覆灭的命运，1948年10月派驻在北平的傅作义部偷袭石家庄，直接威胁西柏坡中央驻地的安全，婚礼被迫推迟。即将成为新娘子的李蓬茵听从组织安排做了转移。后来，李蓬茵回忆：“我和一些身体较弱的女同志、病号及小孩，疏散到了离西柏坡几十公里的东漂村。可是不几天，就接到了老盖的来信：‘向你报喜！窜犯敌人被打退，党和战友一切给你准备好了。现在，就等你回来当新娘子了。’”

当归心似箭的她回到新华社驻地时，那个破旧的小四合院整个变样了：院子北面两根柱子上挂着一副用红纸写的大喜联：东北礼炮鸣，喜煞潇湘妃子；冬宫红旗展，鼓舞革命英雄。喜联的作者是新华社国民党区新闻部的蓝芸夫，上联前半句点出了辽沈战役以歼敌47万的辉煌战果取得全面胜利之事，后半句则妙笔生花地戏称即将做新娘的湖南姑娘李蓬茵为“潇湘妃子”。对联对仗工整，亦庄亦谐，令人忍俊不禁。更为妙趣横生的是，李蓬茵所在的《参考消息》编辑部门框上，也贴着红纸书写的三个醒目大字：舅爷府。风趣幽默的喜联使得刚步入院门的李蓬茵又喜又羞。

11月7日下午，两人的婚礼如期举行。那天，院子里挤满了前来祝贺的同志。新华社社长廖承志做主婚人，在婚礼上致以热烈的贺词。他勉励两位新人：要更加勤奋地工作，为打倒蒋介石，建立新中国多做贡献，成为肩并肩地为共产主义事业长期奋斗的革命伴侣。廖承志还送上了自己的新婚贺礼：一幅署名“油条”的漫画。他在画面上把新婚夫妇的身体扭在一起，分不出你我，下面四只脚穿着同样的军鞋，上面两个兴奋欢乐的头像与俩人神形酷似，夸张而又逼真。

新房是陈家峪村老乡临时腾出的，虽然很旧，但是经大家精心布置，变得气象一新。同志们精心制作的艺术品几乎贴满了新房的墙壁。有大红

曾在西柏坡工作过的老同志讲当年的场景

"喜"字，还有各式各样的贺词、喜联、诗歌、漫画、风景画等。李蓬茵回忆："送走了闹够了新房的战友之后，我心情激动地坐到炕沿上，发现炕席、褥子、被子、床单和枕头底下，到处是战友们埋下的'地雷'——瓜子和枣子。我一边动手起地雷，一边为自己能生活在这富有革命情谊的战斗集体中，举行这样有意义的婚礼而感到无限幸福。"

毛主席为勤务员保大媒

李银桥，自 11 岁参军后就一直给首长当勤务员。1947 年 8 月在转战陕北途中，李银桥被组织安排到毛泽东身边工作，一直到 1962 年调离。

李银桥和毛泽东主席在一起

1948 年 5 月，李银桥和韩桂馨两人随毛泽东主席一起来到西柏坡。毛泽东也时常关心着两个年轻人。毛泽东告诉李银桥让他们多接触、增强了解，说：“不要封建哟，你们谈对象我是赞成的。”还嘱咐李银桥不要依靠媒人，要“自力更生”。

在战争岁月里，各部门的女同志很少，像韩桂馨这样的年轻女同志就格外引人注目，她不止一次碰到过异性的追求，江青也很关心她的婚姻问题，先后给她介绍过两个红军干部。可是她已经对李银桥暗生情愫了，所以都没有答应。这些事李银桥也有所耳闻，背地里是干着急。别看李银桥工作起来有章法，在毛泽东的身边行走，大小事处理得周密妥善，然而一说到谈恋爱，顿时就“笨”得不知所措了。虽然有那么多与韩桂馨接触的机会，却不知道如何去捅破那层窗户纸。

一个偶然的机会，毛泽东为他指点了迷津。

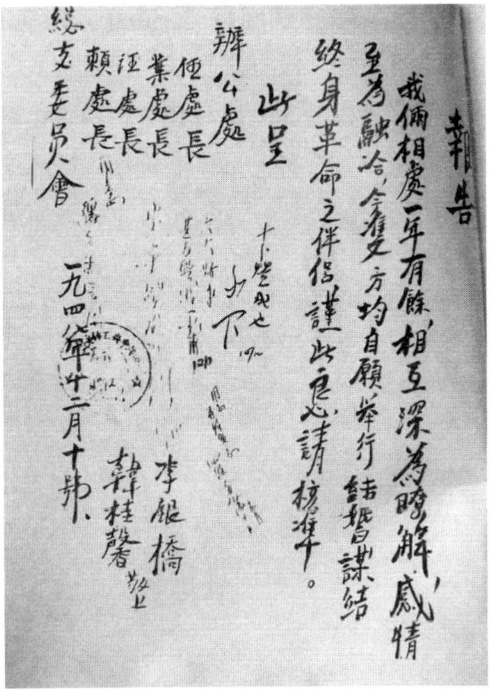
報告
我倆相處一年有餘，相互深為瞭解，感情至為融洽，今雙方均自願，舉行結婚，謀結終身革命之伴侶，謹此意，請核準。
此呈
辦公處
任處長
葉處長
汪處長
賴處長
總支委員會
李銀橋
韓桂馨
一九四八年十二月十號

李银桥、韩桂馨的结婚申请报告

一天，李银桥收到父母的来信，说给他相中一房好媳妇，问他愿不愿意。李银桥犯难了，到底该如何回复父母？愁眉不展的李银桥请毛泽东为他出主意。毛泽东听后哈哈大笑，他点拨李银桥说：“你就不会去问问小韩？人家比你文化高，请她帮你写封回信嘛！”李银桥一下明白了主席的用意，喜滋滋地去找韩桂馨……

就这样，两人正式确定了恋爱关系。事后，李银桥高兴地把事情的经过一五一十地告诉了毛泽东，毛泽东非常欣喜，用他那全国人民都熟悉的湖南口音说：要说缘分，这就叫缘分。

随着感情的升温，到年底他们两人决定结婚，并向组织递交了申请："我俩相处一年有余，相互深为了解，感情至为融洽，今双方均自愿举行结婚，谋结终身革命之伴侣，谨此恳请核准。"两人郑重地写上了自己的名字，报给了组织。

党组织做了"大大好事，甚为赞成""完全赞成""同意并致贺意""十分赞成""总支委员会同意"等批示，两人兴奋不已。

两个情投意合的年轻人就这样结婚了。由于当时正在进行淮海战役，中央机关非常忙碌。婚礼从简，没有举行任何庆祝仪式。但毛主席却把这件事记在心里了。进北平城以后，毛泽东让李银桥选个好日子，把结婚仪式补办一下。李银桥推辞说："现在正在准备建国的大事，太忙了，仪式就算了。"然而毛泽东坚持要补办。李银桥和韩桂馨商量了半天，最后选中了1949年的"五四"青年节这天补办了结婚仪式。

毛泽东为《人民日报》题写报头

毛泽东在西柏坡题写的《人民日报》报头

1948 年 5 月，中共中央华北局决定：将晋察冀解放区的《晋察冀日报》和晋冀鲁豫解放区的《人民日报》合并，定名为《人民日报》，作为中共中央华北局的机关报。新创刊的《人民日报》将是在解放区影响最大的报纸，而且它将成为全中国影响最大的报纸。《人民日报》的创建者们不约而同地想到，应该请毛泽东题写新的报头，以示重视，表明与原《人民日报》的不同。

毛泽东非常重视，他在西柏坡为新创办的《人民日报》题写报头。题写时毛泽东一连写了 4 行“人民日报”，共 16 字，交给薄一波转《人民日报》编辑部选用。按张磐石的回忆，新的报头题字在刻板后送了几份给毛泽东本人审阅过。毛泽东在其中的一张上画了圈，表示认可，而且还说：“‘人民日报’这四个字，两头两个字要大一些，中间的两个字要小一点才好看。”

当时负责《人民日报》版面设计的编辑是何燕凌，晋冀鲁豫原《人民日报》时事版编辑。他拿到了毛泽东题写的报头仔细端详。毛泽东将“人民日报”4行共16字写在两张大约16开大小的白色土纸上，原字写得并不大。对写得比较满意的字，毛泽东本人在一旁做了圈点。何燕凌从毛泽东圈点的字中，选出“人民日报”四字，有的放大一些，有的略作缩小，拼制成自左向右的横排报头。这在当时文字竖排的情况下，是不多见的。做这样的排列，与晋冀鲁豫原《人民日报》的报头是一致的。为了使报头舒展一些，何燕凌去除了当时报头普遍采用的外包四条黑色线框。他将报头放在报纸中央，因此报头的两边还是有两道黑色的竖线。这样的版式，使报纸上出现两个“报眼”。

中共中央华北局《人民日报》的报头就这样确定下来了。当时的报头总体设计一直使用到今天。1948年6月15日，《人民日报》在平山县里庄村创刊。创刊号上发表了《重要启事》，宣布：“中共华北局决定两报合并，统一出版本报。本报受命于今日创刊。《晋察冀日报》与晋冀鲁豫《人民日报》即日停刊。”

人民日报社里庄村旧址

1948 年，刚转入人民日报社的同志们

在党中央领导下，《人民日报》在实际工作中逐步担负起了中央机关报的职责。因此，1948 年 6 月 15 日，被确定为《人民日报》创刊日，从这一天起编排期号。而毛泽东在西柏坡所题写的“人民日报”一直沿用至今。

“疯老头”华子良的故事

尽快落实我的党组织关系；

尽快安排我接受培训并给我工作的机会！

——韩子栋

韩子栋（1908-1992），山东省阳谷县人，1932 年加入中国共产党，1934 年因叛徒出卖被捕。被捕后，韩子栋辗转关押于北平、南京、武汉、益阳、息烽、重庆等地的国民党秘密监狱，时间长达 14 年之久。韩子栋同志是小说《红岩》中“疯老头”华子良的原型。从监狱逃出后，1948 年来到中共中央驻地找组织汇报狱中情况。1992 年 5 月 19 日，这位颇具传奇色彩的老人在贵州省贵阳市病逝，享年 84 岁。

华子良的原型——韩子栋

《红岩》是大家非常熟悉的一部作品，里面“华子良”的事迹突出，个性鲜明，给大家留下了深刻的印象。可越狱之后的“华子良”去了哪里？如何找到党组织参加革命工作的？这都要从他的原型韩子栋到西柏坡说起。

1947 年 8 月 18 日，根据地下党的指示，在狱中装疯的韩子栋利用敌人让他到山下磁器口买蔬菜的机会，逃了出去。经过一个多月难以想象的艰难奔波，他回到了山东省阳谷县韩庄村老家。虽然此时的韩子栋才 39 岁，但长期的监狱生活早把他折磨得没了人样：齿落眼凹，皮包骨头，脸色发黄，头发花白，额头上还有块伤疤，像个沧桑的小老头，乍一看还有些吓人。

回家后，韩子栋在家里人的精心照顾下，身体稍有恢复，便提出要“找党中央去”！因为在他的内心一直盘旋着一个声音，那就是把国民党秘密囚禁、杀害政治犯的消息尽快报告党中央，争取早日进行合法营救！

当他通过组织得知毛泽东、周恩来、任弼时率领的中央前委还在转战陕北的路上，以刘少奇为书记的中央工委已到达晋察冀的建屏县（今平山县）西柏坡时，便决定克服万难，先找到负责党员干部的中央组织部说明自己的情况，并把狱中情况具体汇报给党中央。

1948 年 1 月 23 日，韩子栋终于来到了中央工委驻地西柏坡，并在距西柏坡只有两公里的南庄村见到了中央组织部的负责人。他详细介绍了自己的情况，并递交了一份自己的入狱及脱险报告，申请组织审查后能够恢复他的党籍，并让他继续工作。

在这份 3 万多字的报告中，他动情地写道：

我安适地躺在组织的怀抱里，回想过去 14 年的往事，这是我在几个月前不敢想象的，今天居然办到了，你说我心里有多么愉快啊！我应该一面笑一面写。可是 14 年间的生活太惨了！沉重的心把笑压得死死的。当我想到最痛苦、最悲剧的地方，有好几次不能不放下笔，跑到河边上去，默默地看那流水，一阵突然的愤怒，想把那河抓起来摔到天的那边去！26 岁到 40 岁，在别人是最幸福、工作力最强的年纪，我却和法西斯进行着掐喉咙般的悲惨搏斗。它整整占去了我 14 年的黄金时间，我一面想，一面恨，这篇报告就是在想与恨的交织中写出来。……我在青年时坐牢，到了齿落眼花才跑出来，长期不平常的生活、不平常的战斗，造成了不正常的神经，不正常的心理。

北风怒号，寒气逼人，我忘不掉那些历万难而不屈的难友们！我现在已经甜蜜地睡在组织怀抱里……我下定决心不辜负他们对我的希望，我绝对履行我对他们说的话，我愿献身于党，献身于革命。我请求：一、先恢复党的关系。二、立即给我工作的机会或受训的机会。

这篇报告从家庭概况、参加革命、被抓审讯、坐牢受刑、越狱逃离等多方面谈起，3 万多字，字字浸含血泪，情感真挚生动，展现了一个共产党员狱中奋斗 14 年的艰难岁月和一个革命者誓把牢底坐穿的顽强斗志。

984 年秋，韩子栋与程思远（左一）、沈醉（右一）在一起

当中央组织部副部长安子文和干部科的同志们看了报告后，不禁被深深地打动了，这是一种什么样的革命意志！安子文同志紧紧握着韩子栋的手，看着他被敌人摧残多年而瘦弱的身体，感慨地说：“你能经受 14 年的秘密监狱生活的考验，即使在全党党员中也是罕见的，堪称难能可贵。”并马上告诉韩子栋，组织会尽快联系，解决狱中政治犯的事情，请他放心。可当询问韩子栋接下来有什么打算，有什么要求时，韩子栋却平静地

说：“只希望再活几十年，亲眼看到蒋家王朝覆灭，看到建成社会主义。”

当时，华北局正在谋划建立，中央要他留驻华北局工作，韩子栋说，自己坐监多年，很多政策不了解，不懂，怕干不好工作，对不起组织，对不起党，希望能接受培训，学习一段时间。此时，正好为配合部队南下开辟新区，党中央刚从束鹿县华北联合大学抽调了90名学生到中央组织部，在中央组织部驻地南庄村进行集中培训学习，这不正是一次好机会吗？于是韩子栋作为中央组织部待分配的老干部被额外列入培训班。

1948年3月底，培训班结束后，韩子栋回到家人落籍的山东范县（今属河南省），重新以饱满的热情投入到革命工作中。如今，战火的硝烟早已褪尽，囚牢的阴霾也已驱散，韩子栋用信仰与意志书写的传奇，使他成为大家永远不能忘怀的革命志士，永为人们所传颂。

胡愈之直言战局

胡愈之、沈兹九在李家庄

“五一”劳动节口号发布后，胡愈之辗转从香港来到大连，准备由大连转道前往华北解放区。

在大连，胡愈之受到了中共旅大区党委副书记兼旅大行政公署副主席李一氓的盛情接待，两个人经常在一起谈论时局。有一次，在聊天时，胡愈之说出了自己的看法，他认为毛泽东估计中国革命胜利的时间从那时起还要两年，但在他看来，胜利时间用不了两年了。因为随着革命形势的发展，国民党不仅军事崩溃了，经济也要崩溃，因而人心也崩溃了。可以说，国民党区域不论哪一个阶层，都希望共产党胜利，这是一个人心向背的问题。

很快，胡愈之来到了西柏坡。在主人简陋的办公室里，他见到了中共中央领导人毛泽东。在交谈中，胡愈之把自己对战局的看法坦率地说给了毛泽东。毛泽东听后，对他的看法十分重视，随后就此问题与中共中央的其他领导人进行了专门研究。1948 年 11 月 14 日，毛泽东写成了《中国军事形势的重大变化》，其中对自己原先的估计进行了更改："这样，就使我们原来预计的战争进程，大为缩短。原来预计，从 1946 年 7 月起，大约需要五年左右时间，便可能从根本上打倒国民党政府军。现在看来，只需从现时起，再有一年左右的时间，就可能将国民党政府军从根本上打倒了……"

可见，毛泽东在听取了胡愈之的意见后，又根据自己掌握的国共双方的军事形势，及时对战争进程做出了更准确的分析。

1949年

定都北平

1949年1月，东北局城市工作部部长王稼祥为参加中共七届二中全会来到西柏坡。安顿好后，王稼祥和夫人朱仲丽一起去看望毛泽东。时隔三年，老战友重逢自然有说不完的话。毛泽东微笑着上下打量着王稼祥说："看你这个外表，比三年前在延安时，脸色红润……"

王稼祥与朱仲丽在西柏坡

互相间一阵嘘寒问暖后，王稼祥向毛泽东谈了目前形势的分析，最后由衷地说："三年的解放战争，是运用了主席的战略战术，才如此神速，获得这样伟大的胜利……主席，辛苦了！"

毛泽东高兴地说："这一次蒋介石当了大笨蛋，真是反动到底，总以为有美国作后台老板，可以为所欲为，最后落得个单人匹马跑到浙江老家……当初，我们提出成立联合政府，反对打内战，他不接受。”

王稼祥点点头，说：“主席，是的，我党尽了最大的力量来避免内战，你亲自到重庆谈判。可蒋介石太反动，硬要打。他要打，我们也不能不还手。这一次一定要追击到底，叫他一兵一卒不留，以免后患。”

毛泽东举起右手，用力地一挥，坚定地说：“中央也看到这一点，各个战场不能姑息，要彻底打倒反动派，取得全国的胜利。”

突然，毛泽东向王稼祥提了一个问题：“我们很快要取得全国的胜利了，我想听听你的意见，我们的政府定都在何处呢？历史上，历朝历代不是定都在西安，就是开封，要不就是南京、北平。我们的首都定在哪里合适？中央虽有个考虑，但还没有最后的答案。”

这是一个十分重大的问题。王稼祥的神情一下子变得严肃起来。实际上，他也曾考虑过这个问题。他稍微整理了一下思路侃侃而谈：“依我看，现在国民党政府的首都南京，虽然自称虎踞龙盘，地理险要，但只要翻开历史就会知道，凡建都金陵王朝，包括国民党政府都是短命的。这样讲，带有历史宿命论的色彩，我们当然不相信这一套；但是，从另一个角度来看，南京离东南沿海太近，从当前的国际形势来看，这是一个很大缺陷，我们定都最好不选在南京。”

王稼祥接着说：“再看西安，它的缺陷是太偏西，现在中国的疆域不是秦汉隋唐时代了，那时长城就是边境线，现在长城横卧于中国的腹地。因此西安在地理位置上已不再具有中心的特点。这样一来，选西安为都也不合适。”

毛泽东表示赞同。王稼祥再论：“黄河沿岸的开封、洛阳等古都因中原经济落后，而且这种局面不是短期内所能改观的，加之交通以及黄河的水患等问题，也失去了作为京都的地位。”

毛泽东一笑相应地问道：“那么，哪里可以定都呢？”王稼祥沉稳地说：“我认为我国首都最理想的地点应选在北平。北平位于沿海地区，属于经济发达圈内，而且扼守联结东北与关内的咽喉地带，战略地位十分重要，可谓今日中国的命脉之所在。同时，它又邻近苏联和蒙古，无战争之忧，虽然离海较近，但渤海是中国内海，有辽宁、山东两个半岛拱卫，从战略上看也比较安全，一旦国际上有事，不至立即使京师震动。此外，北平是明清两代的帝都，从人民群众的心理上也乐于接受。考虑到这些有利条件，我认为首都应定在北平。”

毛泽东听了如此痛快淋漓的意见后甚感欣慰，连声称：“有道理，有道理。”毛泽东一边笑着，一边说：“稼祥，你的分析正合我意。看来，我们的首都就定在北平。蒋介石的国都在南京，他的基础是江浙资本家。我们要把国都建在北平，我们也要在北平找到我们的基础，这就是工人阶级和广大的劳动群众。”显然，王稼祥的远见卓识使毛泽东最终下定了定都北平的决心。

王震请缨到新疆

中共七届二中全会期间，李先念与王震在一起

在中国革命取得全国胜利前夜召开的中共七届二中全会上，从前线赶来的将帅们面带着胜利的喜悦，憧憬着美好的未来，并开始思考和谈论胜利以后的道路如何走的问题。在部队将领中，有些人向往的是进大城市，或者希望能到经济发达的富饶地区，而王震则另有一番想法。

1949 年 3 月 4 日，王震到达西柏坡，当日就去拜见毛泽东。他首先将自己所率领的部队在西北作战的情况向毛泽东做了汇报，随后，把一份请缨率领部队到新疆的书面报告递给了毛泽东。他说：我要求到艰苦的地方去，到需要去的新疆去。那里需要解放，那里需要开发，那里更需要发展经济。在报告中他充分阐明了自己的理由：带领部队到最困难最艰苦的边疆，向受尽帝国主义侵犯的新疆进军，迅速完成解放西北、统一祖国大业。此外，全国解放战争即将结束，全军都面临着一个战争结束后的新局面，全军任务怎么变？到什么地方去？解散，是不负责任。他说，最理想的办法是集体转业，转到生产战线上。他在这方面有过贡献，有过南泥湾的经验，新疆又是一个广阔的天地，地大物博，人口稀少，他想，打完仗后，自己在这方面可以大有作为。

毛泽东看过报告后，陷入了思考。他知道，在革命的每一个关键时刻，王震总是争挑重担。他的创造性的工作往往都成为革命发展的先导：国民党对陕甘宁边区实行经济封锁的时候，他带领部队自力更生开发南泥湾；毛泽东提出护送干部开辟南方抗日根据地的时候，他报名率领第三五九旅南下。而今革命战争取得决定性胜利的前夜，他又提出进军边疆、开发边疆，去完成西北解放大业……

那天晚上，在东柏坡大礼堂为与会代表举行晚会，演唱京剧《红娘》。王震没有去看戏，他和彭德怀、古大存在任弼时那里聊天。之后，他自己找了个安静的地方阅读文件，准备要在全会上发表的意见。这时，毛泽东走进来，问他为什么不去看戏。王震笑着回答说："我没有艺术细胞啊!"毛泽东坐下来对他说："今晚台上演的是《红娘》。这出戏你应该去看，那红娘总是全心全意给人家做好事，很可爱。这出戏里红娘是主角，你到新疆就是去演红娘，唱主角，为那里的人民去做好事。""演红娘要有很高的艺术技巧，她在台中间大家都跟她转，不像演老夫人，只在台上摆那么两下子就行了。"王震听了很高兴，因为这就意味着毛泽东已经同意了他的请求。

在党的七届二中全会上，王震在发言中说："我们要到最艰苦的地方去！到新疆去!"毛泽东当即插话说："王震同志的意见很好！很有全局观点。"会议期间，毛泽东、朱德、周恩来、任弼时、彭德怀、贺龙等领导同志都就解放新疆问题，同他进行了亲切的交谈。任弼时向他介绍了左宗棠收复新疆、建设新疆的情况；刘伯承、邓小平同他谈到张骞、班超出使西域以及历代屯田戍边的情况；他去看望陈毅时，陈毅还向他背诵了几首历代的边塞诗，如唐代诗人王昌龄的《出塞》："秦时明月汉时关，万里长征人未还。但使龙城飞将在，不教胡马度阴山。"毛泽东嘱咐王震说：要发扬红军不怕远征难的革命精神，英勇奋战，克服任何艰难险阻，解放新疆，完成祖国统一大业。

毛泽东在中共七届二中全会上讲话

遵照中共中央和毛泽东主席的指示，王震坚持发扬党的优良传统，带领和依靠这支久经考验的人民解放军，艰苦创业，在新疆的革命和建设事业中做出了巨大的贡献。

懂戏的毛泽东

中共七届二中全会期间，为了活跃大家的业余生活，中央特意安排了在距西柏坡不远的东柏坡大礼堂演戏。

大礼堂里座无虚席，除了原有的长条椅子外，还增加了许多小凳子。明亮的电灯，照着一张张笑脸。毛泽东高兴地说："这个礼堂比杨家岭的礼堂还好啊，杨家岭礼堂就没有电灯，这里的电灯这么亮。"

东柏坡大礼堂旧址

毛泽东是一位对京剧颇有研究的业余爱好者，对京剧的历史、流派、唱腔、程式都比较熟悉，他平时看京剧、听京剧，都很注意调式、板式及唱词和戏剧冲突的设计。他承认自己“很喜欢高派的戏，越听越爱听”。京剧“高派”是京剧艺术大师高庆奎创立的一个流派，素以高亢奔放、富于阳刚之美而备受广大京剧爱好者喜爱。毛泽东性格开朗、倔强，非常赞赏高派的演唱风格，故此，毛泽东在众多京剧流派中特别钟情高派艺术。

当晚演唱的第一出戏是《坐楼杀惜》，是宋江被逼上梁山的一个故事。阎婆惜与张文远勾勾搭搭，经宋江批评指责后，她不但不改，反而要陷害宋江。她把梁山好汉晁盖送给宋江的金子和书信偷了去，企图借机让宋江被官府捉拿归案。这出戏，由高庆奎的得意弟子李和曾演宋江。开戏不一会儿，毛泽东便夸赞李和曾“唱得不错。我很多年没有看到这种高腔须生演唱的京戏了呢!”

毛泽东又说：“这个人唱得好，这出戏点得不够好，只是逗笑的戏，政治内容虽说也不错，就是没有很好地表现出主角的唱功来。唱哪出戏，最好让主角自报。他认为哪出戏唱得最好，就叫他演哪出戏才好。”

李和曾剧照

第二出《王佐断臂》，这是阿甲的拿手好戏，他在延安平剧院的时候经常演。最后一出是《失空斩》，李和曾扮演诸葛亮。这出戏上场的人很多，场面也大。在延安的时候，毛泽东曾经看过好几回《失空斩》。他爱看这出戏，对戏的内容非常熟悉。这次在听李和曾唱的时候，他不断以掌击膝，嘴里也哼着唱词，还向周副主席和其他中央首长们说：“唱得真好啊！一个二十多岁的年轻人就有这样高超的京剧艺术才能，真是前途无量，大可称赞呀。像这样的艺术人才，应当多培养一些。他这是高派唱腔，高派唱腔最大的特点，就是唱腔激昂，热情奔放。看了这出戏，给人一种刚强奋力的感觉。”

周恩来说：“你说得对，李和曾是属于高派艺术，听他们介绍说，李和曾九岁就进了北平中华戏曲专科学校学戏，学了八年毕业以后，又拜高庆奎为老师学了三年。后来因为生活所迫，他就搭班子唱戏。日本投降前，他到了冀南军区宣传队开始组织剧团。解放战争中，华北解放了的大城市他都去慰问演出过。现在，他们冀南军区京剧团和延安平剧院合并了，人更多了，力量更雄厚了。”

毛泽东说：“那好啊，我们在这里看他们的演出，演得不错了，我们进北平以后再看他们演，一定会更好。”

演出结束后，周恩来走上舞台对演员们说：“我代表毛主席和中央领导同志，以及中央机关的全体同志，向你们致谢，祝贺你们的演出成功。毛主席对你们的演出很满意，不断地给你们鼓掌。毛主席说，他很久没有看到像李和曾同志这样高派的戏了。”

第二天，毛泽东吃了晚饭后照样散步去看戏，说走路能锻炼身体，看戏又能休息脑筋，这是一举两得。

上海人民代表团“谋和”之行

1949 年 2 月 22 日，上海人民和平代表团成员到达西柏坡

三大战役胜利结束后，国民党为谋求“和平”，组织了上海人民和平代表团前往西柏坡，代表团由颜惠庆、章士钊、江庸、邵力子等人组成。

1949 年 2 月 22 日，他们到达中央驻地西柏坡，受到了毛泽东、朱德等中央领导人的接见。毛泽东主席说，你们为和平远道而来，共产党是爱好和平的，有什么事尽可商量。蒋介石在 1 月 1 日提出了愿意和中国共产党进行和平谈判的建议，但他又提出了先决条件，要保存伪宪法、伪法统和反动军队。他这还是想继续打仗，不是和平谈判。为了迅速结束战争，实现真正和平，减少人民的痛苦，中国共产党愿意和南京政府及国民党地方政府和军事集团进行谈判。

针对上海人民所关心的有关银行、工业和人民法院等方面的政策，毛泽东指出，银行家将受到保护，只要他们获取的是合理的利润，而不是通过放高利贷牟取暴利、盘剥人民。至于工商企业，政府鼓励、支持他们重新建设的规划，但将取缔官僚资本。并表示，如果国共双方达成和平协议，上海就不会发生战事。上海这座城市非常重要，要尽最大的努力维护法律和秩序。

上海人民和平代表团成员在西柏坡，左起：邵力子、颜惠庆、章士钊、江庸

上海人民和平代表团在西柏坡和中央领导人就国共和谈的可能性以及南北通邮、通航问题广泛交换了意见，达成八点秘密协定，结果非常圆满。代表团成员也通过此次会面充分地了解了共产党的主张和解放军的情况，为国共双方四月北平和谈做了准备。

参加会谈的江庸在回忆时这样说道：毛主席说到目前时局，只是自由

接见上海人民和平代表团旧址

自在的漫谈，但从漫谈中，也很可以窥见毛主席的思想、抱负、学问、性格。

坦诚相见，“功大于过”的傅作义

北平和平解放后，傅作义随同上海人民和平代表团来到西柏坡，这位最终举起和平旗帜的国民党将领受到了中共中央的特别接待。

解放军接管北平

1949 年 2 月 23 日，当傅作义知道毛泽东要来看望他时，他早早地在门口等候。不一会儿，就见到穿上了皮大衣、戴上了皮帽子的毛泽东乘坐一辆中吉普到了。他有些激动和紧张，毛泽东却风趣地说：“过去我们在战场见面，清清楚楚；今天我们是姑舅亲戚，难舍难分。蒋介石一辈子要码头，最后还是你把他甩掉了。”

接着，毛泽东又说：“北平和平解决最好，你这是为人民做了一件大好事。假如说，你过去有错的话，那么现在功过权衡，还是功大于过，也是有功人员。对你的部下来说，也是为他们做了一件大好事，保护了他们的生命财产和家庭团圆。如果打起来，大量的官兵要伤亡，家庭要遭到破坏。北平是闻名的文化古都，八国联军欺负我们，烧毁了圆明园，破坏了许多名胜古迹，订立了一系列不平等条约。如果我们中国人自己打起来，把紫禁城打毁了，文明古都被破坏了，我们的子孙后代是会骂我们的。”

傅作义连连点头。毛泽东接着说：“和平解放北平最好，你带个好头，立个大功。今后的事，可能还不少。你可以向你的部下讲清楚，既然是和平解决，你原来的部队要进行改编，将来你们都是人民解放军的一员了，和解放军一样看待，决不歧视。你知道，我们历来说话是算数的。”

一席话，使傅作义心里的疑团解开了，忐忑不安的心情变得坦然起来。

23 日上午，周恩来接见傅作义时，再次指出他以人民利益为重，使北平问题得以和平解决，避免了战争的灾难，功劳很大。傅作义马上说自己戎马半生，除抗日战争时期外，是罪恶累累。今后他决心要在共产党的领导下，为祖国人民立功赎罪，以求得党和人民的宽恕。

周恩来说：“很好，我们欢迎傅作义将军这种态度。……现在咱是一家人了，一家人不说两家话，有什么事情，有什么意见和想法，不要有顾虑，都可以提出来商量。可以找我谈，也可以找毛主席谈，找其他中央领导同志谈也可以。”

傅作义连连点头说：“请周副主席放心，我一定在共产党的领导下，全心全意地做一些我力所能及的工作，决不会半心半意和三心二意。我的后半生，要在共产党的领导下努力奋斗，为建设伟大的祖国贡献自己的力量。”

当天下午，毛泽东再次见到傅作义，进行了又一次深入且开诚布公的交谈。傅作义说：“请问主席，我是回北平还是住在这里？”

毛泽东先是一愣，接着笑着说：“你现在住在北平很好，不久我们也

在西柏坡，周恩来接见傅作义

1949 年 2 月 23 日，周恩来与傅作义等在西柏坡合影

要到北平去。将来咱可以更好地合作，建设我们的国家。我们到北平以后就要召集民主党派、人民团体、无党派人士、少数民族和华侨等各方面的代表人物开会，成立中华人民共和国政府，你也将被邀请参加会议。你有功，也有代表性。”

傅作义激动地说：“我回北平以后，一定向部下传达毛主席和其他中央首长的指导和关心，一定要在共产党和部队首长的领导下，做好部队的和平整编工作。我个人也要无条件地服从毛主席和党中央的决定，叫我做任何工作，我都保证做好。在我有生之年，做一些对人民有益的事情，也好弥补我过去的过错。”

1949 年 2 月 24 日上午十一点，心情释然的傅作义离开西柏坡。返回北平后，他很快完成了一直没有完稿的《和平通电》，并于 4 月 1 日向全世界公开发表。《通电》中，傅作义表明了自己的政治态度，即决心在毛泽东主席的领导下，实现新民主主义，建设新中国。

第二天，中共中央、中央军委主席毛泽东亲笔给傅作义致信，对其行为给予了充分肯定，并表示：“贵将军愿于今后站在人民方面，参加新民主主义的建设事业，我们认为这是很好的，这是应当欢迎的。”

只带耳朵的客人

中国革命胜利的前夜，苏联共产党中央委员会总书记斯大林决定“派一位负责的政治局委员”到西柏坡，以全面了解领导中国革命的中国共产党的政治主张。

周恩来接见米高扬

1949 年 1 月 31 日，苏共代表阿·伊·米高扬一行四人从旅顺乘坐飞机，在石家庄前日本军用机场降落后，乘坐一辆缴获来的吉普车来到中共中央驻地西柏坡。身材魁梧的毛泽东穿着厚厚的粗布棉衣，走出小院迎接客人，并迎上前去，热情邀请大家到自己住的小院里喝茶休息。

毛泽东住的这处房子是曾被日本鬼子炸掉房顶、后又修复的北方农家院落。几个月来他在这里运筹帷幄，指点江山，使中国的革命一日千里，步步走向胜利。客人们随着毛泽东大步迈进院子里，脱去大衣，警卫战士用脸盆端来了洗脸的热水，放在院中树下那个石磨盘上，让客人洗去脸上的尘土。之后，大家走进毛泽东的办公室兼会客室，屋里暖融融的。毛泽东将中央其他四位书记逐一介绍给米高扬，又对客人说："从石家庄到西柏坡这段路程虽说不算远，可是很难走，早就提出要修这段路，可是因为打仗，一直没有人力、财力修这条路，只能先打仗，再建设了。"

米高扬也向主席介绍了他的随行人员，并转达了斯大林和苏共中央全体政治局委员的问候，祝愿中国革命尽快取得胜利，彻底解放全中国，接着呈上斯大林赠送给毛泽东的礼品——一块毛料。

米高扬介绍了自己的来意，他说："中国革命形势发展迅猛异常，在这关键的时候，毛泽东同志不能离开指挥岗位；再者，中国境内交通不便，还要通过敌人的封锁线，也要考虑到安全问题；到苏联往返的时间太长，怕影响毛泽东同志的身体健康。因而，斯大林不主张毛泽东到苏联去。斯大林十分关心中国革命形势的发展，派我代表他到中国来听取你们的意见。你们所讲的话我回国后向斯大林汇报。任何事都由斯大林决定。"

米高扬在到中国之前，为了尽可能减少在中国会谈的困难，曾做了十分充分的准备。他拟了一个中国共产党方面可能向他们提出的问题清单，想好了几种可能的答案，并且同斯大林和其他政治局委员进行了讨论，他只代表苏共阐明诸观点。所以米高扬又说："我只是带着两只耳朵来听的，不参加讨论决定性的意见。希望大家谅解。"

因为毛泽东主席是初次与苏共中央的负责人见面，双方各自介绍本国的一般情况和世界各大洲的局势，并对国际形势的发展变化进行了分析和估计，交换了彼此的看法。这天的交谈在轻松愉快的情况下进行，不时从屋子里传出毛主席爽朗的笑声。

辣椒与酒量的“较量”

为款待米高扬等苏联贵宾，中共中央在就餐上也进行了精心准备。会面结束，大家到机关中灶食堂，满满一大圆桌子菜已摆上桌。西柏坡当然没有山珍海味，只有机关自己养的猪、鸡和滹沱河里打来的鱼虾，倒也十分丰盛。

毛泽东接见苏共代表米高扬

大家边吃边叙，互相敬酒，气氛很是热烈。苏联贵宾喝酒个个都是海量，相比之下，作为主人的中共中央五大书记就逊色多了。俄罗斯人都喜欢喝酒，米高扬也不例外，宴席上频频向毛泽东主席敬酒，很有点将毛主席“灌醉”的意思。毛主席知道，论酒量，自己肯定不是米高扬的对手。为了不驳米高扬的面子，维持宴席上的和睦气氛，毛主席想出了一个主意。

他对米高扬说：“中国人有句俗话说‘吃香的，喝辣的’，这个‘辣的’指的是辣椒就酒，就像我们湖南人喝酒，讲究的是喝一口酒，吃个辣椒。今天咱们喝酒，也来个辣椒就酒，每喝一杯酒，就吃一个辣子，谁不行就认输，你看怎么样?”

米高扬自信喝酒毛主席不是他的对手，不假思索就同意了。于是双方各自斟满了自己的酒杯，毛主席端起酒杯一饮而尽，然后吃了一个红辣椒。米高扬也端起酒杯喝干了杯中酒，但一口辣椒刚进口就面红耳赤了。毛主席又斟上了第二杯，喝干，紧接着吃了第二个红辣椒，酒喝得潇洒痛快，辣子吃得有滋有味。米高扬喝了第二杯酒，但第二个红辣椒还没吃完就开始抓耳挠腮了……他赶紧夹了几口菜。在这场喝酒与吃辣椒的“较量”中，还是毛主席占了上风。客人们品尝着桌子上精心准备的可口美味的饭菜，尤其是滹沱河里刚打上来的新鲜鱼和小虾米，再品尝到西柏坡特有的锅贴饼子、腌肉面、小煎饼……不由得啧啧称叹!

米高扬在苏共领导人中堪称是个美食家，这次，他胃口很好，兴高采烈，赞不绝口：“谁都说中国的饭菜好吃，我们就是不会做。将来中国革命胜利了，我们要派人来学习中国的菜肴，增加西餐的花样。”毛主席喝了一点酒，脸红红的，很高兴：“我相信，一个中药，一个中国菜，这将是中国对世界的两大贡献。”

山沟里的中央马列学院

中央马列学院旧址

1948 年 11 月 8 日，中央马列学院在距西柏坡不远的李家沟口村正式开学。开学后的 12 月 14 日，百忙之中的刘少奇作为马列学院院长专程给大家做了一次讲话，全面阐述了开办马列学院的必要性和学习马列主义的重要性以及如何学习等问题。

按照教学计划，第一班学员在第一学期学社会发展史、历史、地理和语文。当时，社会发展史和大众哲学的课程主要由艾思奇讲授。他深入浅

刘少奇在西柏坡

出、通俗易懂的授课风格，提高了大家的革命觉悟，使学员们受益匪浅。杨献珍在当时虽然行政工作很忙，但也坚持亲自授课，并担任讲授西方近代史的工作。他做引言报告，辅导学员学习经典著作，他的结合中国革命实际和学员的工作及思想作风的实际讲解，深受学员喜欢。

学校学员基本上都是有相当工作经验的干部，具备一定的理解和分析能力，对学习理论有较高的自觉性。所以，自学理所当然地成为学校的主要学习方式。首先，教员做本课程或本课程某一单元的引言。引言报告要指明学习本课程的目的、学习要点以及学员对本课程提出的问题，最后做学习总结。教员的任务是为学员指引思路，帮助其克服难点；集体讨论也必不可少，它可以使学员互相启发，帮助学员更全面更深入地认识问题，有些疑难问题和错误的理解，也可以在讨论中得到解决。

学员们来自各个实际工作岗位，过去没有条件好好学习，所以入学后都十分珍惜这个难得的学习机会，多数学员一住下来就如饥似渴地读起书来。一位曾任区党委书记的学员说："我入党二十年，决心要为共产主义事业奋斗终生，可是我连党组织的《共产党宣言》都没有读过，实在惭愧。”

上课就在露天的场地里，教员们带着本子在前边讲，学员们有的带小马扎，有的坐在石碾和台阶上，用膝盖当桌子记笔记。除了紧张的学习，学院也有丰富的业余生活，周末会举办晚会或舞会，学员们感情融洽，其乐融融。

中华人民共和国成立前夕创办的马列学院，在中国共产党党校教育史上有着承前启后、继往开来的重要地位。它的成功开办，不仅提高了党员干部的理论素养，为新中国的建立培养了大批优秀人才，而且为新中国党校教育事业的发展奠定了基础，积累了经验。

“冲破黑暗的黎明之声”

新华广播电台工作人员南下途中

西柏坡时期，新华社的口头广播工作发挥着重要作用。编辑部设在西柏坡一带，而发射台和播音室设在较远的地方，曾在张胡庄、井陉县的天户村和窟窿峰村。

这个时期的广播工作十分紧张，条件也非常艰苦。编辑部和播音室相距很远，播音室在张胡庄的时候，与编辑部距离约 15 公里，搬到窟窿峰村以后，相隔 40 多公里。从编辑部到窟窿峰村，中间要渡过波涛滚滚的滹沱河，还要走过崎岖曲折的山间小路，每天为了赶在下午播音前把广播稿送

新华广播电台在井陉县天户村旧址

新华广播电台在河北井陉县的发射机房

到播音员那里，让播音员有准备的时间，编辑部的同志不得不赶在黎明时把稿子编好，交给通信员，骑马送。滹沱河涨水时，马过不去，通信员就把稿子用油布包好，顶在头上或者装在竹筒里泅水过河。有一次，浪头太高，水流太急，通信员游不过去，最后由一位擅长在大浪中游泳的编辑同志把稿子送了过去。有时候没法过河，就只好把重要消息用电话传给播音员，记录下来广播。那时候电话线传的声音很微弱，且常有杂音，传和记都是很吃力的，常常要喊哑了喉咙。中央领导同志审阅重要稿件一般都在夜间，因此编辑部通宵都要有人值班，许多同志一天至多睡五六个钟头，从来也没有休息日。

尽管这样紧张，工作还是井井有条。编稿人员要了解国民党官兵及党政人员的思想、情绪等，力求使广播宣传做到有的放矢，把话说到他们心里去，语言都写得十分通俗、简明、口语化、易懂，而且字迹非常工整、清楚。

当时，是人民解放军同国民党军主力进行战略决战的阶段，新华广播电台播出了大量的消息和评论，毛泽东也亲自为新华社文字部广播和陕北台口头广播部写稿件，仅据《毛泽东选集》第四卷和《毛泽东新闻工作文选》这两本书所载，这一时期毛泽东同志写的消息就有《我军解放郑州》《东北我军全线进攻，辽西蒋军五个军被我包围击溃》《中原我军占领南阳》《中共发言人就和平谈判问题发表谈话》等十篇，还有《中国军事形势的重大变化》《将革命进行到底》《评战犯求和》等评论和述评九篇，还有专为电台写的《向国民党军黄维兵团的广播讲话》《敦促杜聿明等投降书》《刘伯承、陈毅两将军向黄维兵团的广播讲话》三篇广播稿。周恩来同志也为新华社和陕北台写过《豫东大捷》等消息和《致七十二师文告》等广播稿。这些稿件的播出，使全国人民大为振奋，像重型炸弹击中敌营垒一样，在瓦解敌军和摧毁蒋家王朝方面起了重大的作用，为迎接全国胜利和建立新中国营造了良好的舆论氛围。

一些听众称这段时间的新华社的广播是“冲破黑暗的黎明之声”，是组织人民、教育人民的最好教材，也是同国民党进行斗争的锐利武器，其传播的真理照亮了人民，成为人民心中的一座光辉灿烂的灯塔。北平十几个青年集体写信说：“听了你们的播音，就像在黑暗中找到了光明。”

第一部
《中华人民共和国婚姻法》的诞生

1949年3月24日，中国妇女第一次全国代表大会在北平召开

中华人民共和国成立后，中共中央考虑制定婚姻法，于是刘少奇将当时中共中央妇女工作委员会（简称中央妇委）的同志们召集起来，告诉大家马上着手做些准备工作，要求大家深入调查研究解放区的婚姻状况，总结解放区这些年来执行婚姻条例的经验教训，反复进行讨论，并动手起草。

时任中央妇委书记的邓颖超兴奋地说：“太好了！这些日子，大家通过在农村蹲点搞土改，更加深切了解贫苦农民，特别是妇女们深受封建婚姻统治的痛苦，他们迫切要求婚姻自由。”

根据中央指示，中央妇委立即成立由邓颖超主持的《婚姻法》起草小组。当时中央妇委驻地东柏坡村是个群山环抱、只有十几户人家的小山村。中央妇委在东柏坡村借用了老乡前后两个小院，前院两间土屋，一铺土炕，几张桌子，办公用；几位大姐和工作人员住后院两间土屋。在小小村庄里，对于这些妇女干部来说，起草一部体现新民主主义婚姻制度的《婚姻法》，是一场新的考验。起草小组成员中，真正学过法律的只有毕业于上海复旦大学法律系的王汝琪。但是，她们有着长期的革命斗争经验，长期做妇女工作，对于广大群众特别是广大妇女渴望废除封建婚姻制度，建立新民主主义婚姻制度，感受极深。

蔡畅、邓颖超在西柏坡

在起草过程中，大家对一些条文有不同的看法，每次讨论都要发生争论。如当时争论最大的是有关离婚自由问题。1931 年颁布的《中华苏维埃共和国婚姻条例》第 9 条规定：确定离婚自由，凡男女双方同意离婚的，即行离婚。男女一方坚决要求离婚的，亦即行离婚。新的婚姻法要不要写进去，大家争论激烈。有的同志反对离婚自由，一种顾虑认为婚姻是人生大事，怕离婚太自由了不利于社会稳定，特别是在农村，离婚自由了，必定要触动到一部分农民的切身利益，他们必将成为反对派；另外一种顾虑是当时形势发展很快，马上就要进城了，怕进城以后，一些干部以“离婚自由”为借口，另有新爱，把农村的原配抛弃了。经过商量后，结合长期的革命实践，大家态度鲜明，坚定地主张写上“一方坚持离婚可以离婚”这一条。

制定一部新法律是件非常庄严的事情，因为这是为新中国和五万万同胞起草的婚姻法，大家都意识到它的分量。所以大家在研究问题时，开诚布公，畅所欲言，光是框架就推倒重起好几次，每章每条都是字斟句酌。每次讨论都是大家先发表意见，王汝琪做记录；然后她再拿出新整理过的稿子，供大家再次讨论。七八个人紧挨着围坐在炕上，西柏坡的冬天很冷，窗外寒风呼啸，屋里却讨论得热火朝天。由于当时中央妇委人手少，还要承担其他大量工作，《婚姻法》整个起草过程，断断续续，大约花了半年的时间。经过努力，起草小组终于拟出《婚姻法》草案。

1950 年 5 月，第一部《中华人民共和国婚姻法》正式颁布实施，成为新中国成立后颁布的第一部法律。《婚姻法》之所以能在新中国成立后不到一年的时间里迅速出台，也是与刘少奇的关注与指导密不可分的。

难忘的三天竞日长谈

1948年8月末，时任永年县委书记、晋冀鲁豫中央局青委书记的李新来到西柏坡，参加华北局青委的创办。任弼时和他们的谈话让他多年之后，仍记忆犹新。

那天李新去得很早，一则因为对任弼时同志很尊敬，再则他知道任弼时很守时。果然，他到时任弼时已经在等着他。寒暄几句之后，任弼时就提出各种问题，李新也尽其所知，一一地回答，问答中常常又扯到别的问题上去。

任弼时在西柏坡

他们谈古论今，当谈到党务工作时，任弼时问到县委书记是怎么当的，怎样领导政府工作的。李新结合实际工作说道："县政府有个党团，党团书记是县长，政府的事情由党团解决。县委也是每两三个月讨论一次政府工作，开会时一般只是县长参加，必要时全体党团成员都来。"谈起群众工作，李新介绍说："冀南的群众组织工、农、青、妇联合到一起，以前称各救会，后来称救国会，那里也有个党团，因为救国会主任不是党员，所以党团书记是别人。不过开党团会时一般都请他参加。县委的领导也是通过党团，有时我也找救国会主任来商量。"

任弼时又问："救国会是工农青妇联合起来的吗？"李新回答："实际上是混合，工会早已并入农会，青救会、妇救会后来也并入了。所谓救国会实际上就是农会。"听到这些后，任弼时说搞青年工作的，为什么不争取点儿独立性呢。当他知道李新所在区域没有单独的青年工作时，就没让他谈具体工作，而是对整个青年工作发表意见。李新结合自己的理解，表示办青年团要有青年团做骨干组织，还要有青救会（或青联会）、学生会、少先队、儿童团等一般性、全体性的组织，而且所有这些组织都要建立在群众要求的基础上，要多为群众办好事，不能光为党办事，要把二者统一起来。干部要由群众民主选举，不要指定、钦定……李新如此长篇大论地讲了一通，任弼时没有打断，也没有插话。只是在李新讲完后才说："现在要你到华北青委去工作，你可以把你的意见提出来让大家讨论嘛。"

这样自由自在地谈，毫无拘束。谈累了休息片刻，接着再谈，饭就在任弼时那里吃，稍事休息，接着一直谈到傍晚，第二天再继续，如是谈了整整三天才告结束。这种谈话方式，对于中央了解情况、进行决策有着重要的意义。

沸腾的李家庄

1949年1月16日下午，周恩来在百忙之中从西柏坡乘吉普车来到中央统战部所在地李家庄，看望北上解放区的民主人士。虽然天寒地冻，可是小小的李家庄一下子就热闹起来了。

民主人士在中央统战部驻地李家庄。周子健（左一）、于刚（左二）、寇群波（左三）、楚图南（左五）、高文华（左六）、齐燕铭（左七）、李维汉（左八）

村民们听到汽车进庄的声音，都拥到进庄的路边看热闹。统战部工作人员和民主人士也纷纷走出门来欢迎。周恩来身穿一套和大家一样的灰棉布军衣，头戴大耳朵军帽。他一进庄就下车向群众招手，同民主人士一一握手问好，并召开了座谈会，给大家讲了当前的战场形势。

会后，统战部全体工作人员和民主人士会餐。菜不多，也不是什么山珍海味，主要的一道菜是长征老战士、老伙夫班长胡金山做的红烧肉。为此，总务科科长乔风咏亲自动手宰了自己饲养的一头大肥猪，加上大家自己动手种的大白菜，还有饺子、大米饭和白干酒。大家都吃喝得很是开怀满意。没有酒杯，就用粗瓷大碗代替，频频举碗同祝解放战争的胜利。席间，民主人士中的符定一先生年龄最大，已是快七十岁的老人，而且是毛泽东主席在湖南第一师范学校读书时的老师，所以，大家都向他敬酒，祝他长命百岁。

李家庄旧址

饭后，在会议室举行跳舞晚会。当时只有三把胡琴，一支笛子，便是乐队。室内没有电灯，就用几盏马灯挂在屋墙四角，乐队奏起乐来，晚会就开始了。大家正跳得高兴时，朱德和周恩来的到来，使舞会达到了高潮。最后，大家扭起大秧歌。锣鼓一响，周恩来和大家一起扭起秧歌来。民主人士没有扭过秧歌，也高兴地跟着大家一起学扭起来。村里的群众围在门口看热闹。

1 月 20 日，中共中央华北局和华北人民政府又在李家庄举行了盛大的欢迎会。当华北局第二书记薄一波、华北人民政府主席董必武等乘几辆吉普车来到李家庄时，群众都不约而同地热烈鼓掌表示欢迎。欢迎会开得很热烈、很亲切，使民主人士深深感到解放区的温暖，纷纷发言表示拥护毛主席 1 月 4 日的《声明》，拥护共产党打倒蒋介石，将革命进行到底。

毛泽东、周恩来共邀宋庆龄北上

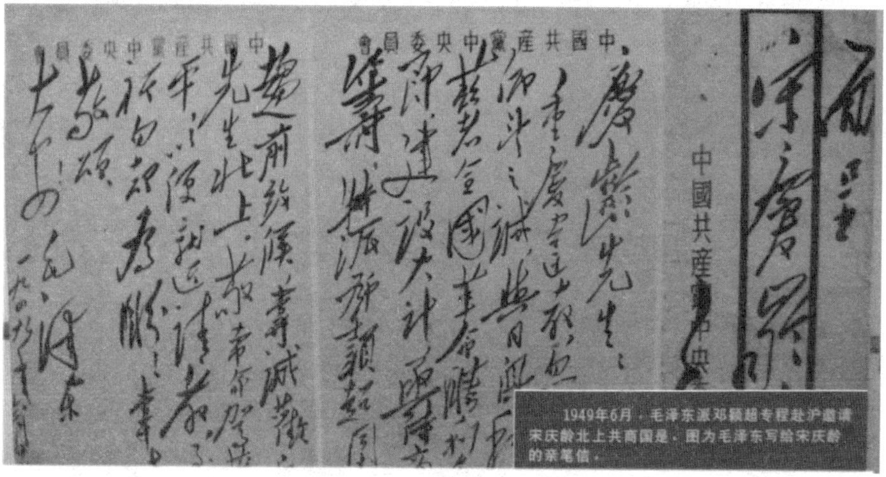

毛泽东致宋庆龄亲笔信

1949 年元旦过后，西柏坡中共中央大院里到处弥漫着一种欢庆喜悦的气氛。革命节节胜利，要进城了，建立联合政府的事宜也已提上日程。

1 月 19 日，毛泽东和周恩来又坐在一起，他们共同想到了一个人——宋庆龄。这位最富代表性的杰出女性，作为孙中山先生的夫人，她的地位和名望无人能够取代，所以建立新中国一定不能少了这位共产党的亲密朋友。于是，他们联名发出了一份邀请，诚挚邀其北上。信中写道：

庆龄先生：

中国革命胜利的形势已使反动派濒临死亡的末日，沪上环境如何，至所系念。新的政治协商会议将在华北召开，中国人民革命历尽艰辛，中山先生遗志迄今始告实现，至祈先生命驾北来，参加此一人民历史伟大的事业，并对于如何建设新中国予以指导。至于如何由沪北上，已告梦醒与汉年、仲华切商，总期以安全为第一。谨电致意，仁盼回音。

毛泽东　周恩来

一九四九年一月十九日

第一届政治协商会议上，宋庆龄当选为中央人民政府副主席

宋庆龄接到信后，因当时身体有病不宜旅行，加上当时宋庆龄在上海受到国民党的严密监视，行动不得自由而暂时未能动身。

5 月 27 日，上海解放后，毛泽东又委派陈毅前去公馆看望宋庆龄。然而，眼看建国日期临近，宋庆龄仍未北上，毛泽东和周恩来十分着急，决定派邓颖超去上海迎接。1949 年 6 月 19 日临行前，毛泽东让邓颖超带给宋庆龄一封亲笔信，写道：“重庆违教，忽近四年。仰望之诚，与日俱积。兹者全国革命胜利在即，建设大计，亟待商筹，特派邓颖超同志趋前致候，专诚欢迎先生北上。敬希命驾莅平，以便就近请教，至祈勿却为盼！

专此。敬颂大安!”这里有几个词,“违教”“仰望”“趋前致候”“敬希命驾”“就近请教”“至祈勿却为盼”“敬颂大安”,更显得中共领导人的谦恭,虚怀若谷。同时,周恩来也写了一封信,交邓颖超一并带去。

邓颖超与曾长期在宋庆龄身边工作的廖梦醒赶到上海,廖梦醒先到了宋庆龄的公馆。因为孙中山是在北平去世的,宋庆龄对廖梦醒说:北平是我最伤心之地,我怕到那里去。廖梦醒说:北平将成为红色中国的首都。颖超代表恩来同志,特来迎你,你打算什么时候见?宋庆龄说她想好了再通知。过了几天,宋庆龄发出了宴请邓颖超的请柬。交谈中,宋庆龄同意北上。8 月 28 日,宋庆龄由邓颖超等陪同从上海到北平,毛泽东、朱德、周恩来等到车站迎候。

田汉编绘的台湾历代作战登陆图

1948 年 10 月，当中国人民解放军在东北、华北战场上连连获胜之际，剧作家田汉和安娥以赴外地写剧本为掩护，离开上海奔赴解放区。

田汉和安娥

到西柏坡后，毛泽东在摆满电报的办公桌旁接见了田汉。怀着对中国革命的一腔热忱，田汉从衣袋里掏出一份材料，非常郑重地送给毛泽东。这是 1947 年年底到 1948 年年初，他应泰山电影公司之邀，为写一个表现台湾高山族生活的电影剧本而去台湾采访时写的材料。毛泽东不解，眼里露出惊奇的目光。田汉解释说，自己在游历宝岛的过程中，几乎绕着海岛转了一圈半。他想到总有一天我们的解放军会去解放这个地方，便把历代对台湾用兵的登陆地点做了一些考察，都记在这份材料里。

毛泽东拉着田汉的手笑着说："谢谢你，寿昌同志，我想这份材料一定大有益处！现在还有一个重要任务想交给你。"

中华人民共和国成立后的田汉

田汉一听，马上急切地问是什么任务。毛泽东说："一些著名的民主人士已经从香港、上海等地陆续集中到了沈阳，其中不少人如李济深、沈钧儒、马叙伦、郭沫若等，你都是很熟识的。请你陪林伯渠同志出关，去迎接这批人士入关。北平很快就要解放了，请他们来共商建国大事！"

田汉非常愉快地接受了这一特殊使命，全身心投入到迎接民主人士入关的工作中。

红色记者杨刚来到西柏坡

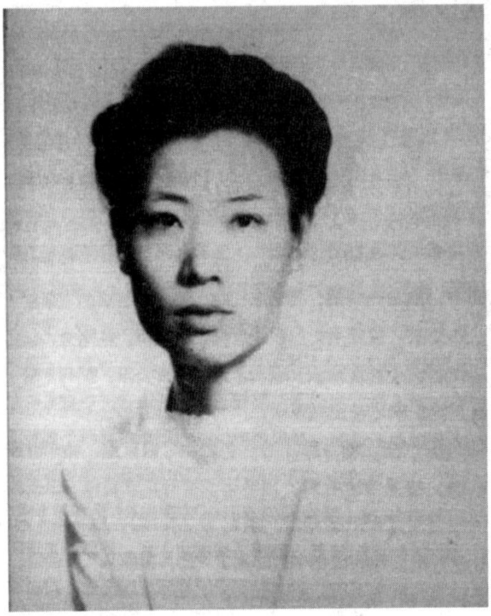

女记者杨刚

1948 年冬，杰出的女作家、记者、国际问题专家杨刚应召回国，怀着喜悦的心情到达党中央所在地河北省平山县西柏坡。

在西柏坡，杨刚受到毛泽东、周恩来的亲切接见。周恩来对杨刚奔波在北美大陆上利用国际新闻记者的身份，从事国际统战工作，结识了不少的美国朋友并争取他们支持中国人民的解放斗争的工作表示了赞赏，并决定引荐她去见毛泽东。

杨刚在一所普通的北方民宅里见到了身穿灰棉布军服，裤膝上打着补丁，衣着朴素、和蔼可亲的毛泽东，感觉像一个普通的老战友。杨刚回忆说，顿时幸福之感贯穿了她的全身，激动得她热泪盈眶。毛泽东热情地请杨刚坐下饮茶，用浓郁的湖南乡音亲切地和她谈话，询问她是哪里人，有几个孩子，孩子在哪里……句句话都温暖到了她心里。周恩来介绍说，杨刚背叛封建家庭，参加革命，入党较早，不仅是一个有才华的女作家、记者，而且是一位国际事务活动家。毛泽东点头微笑，露出赞许的目光，紧紧地握住了她的手。

杨刚向毛泽东介绍了在《大公报》工作的同志是如何利用报社老板给的一点自由，巧妙地与敌人进行斗争的情况。毛泽东笑着赞赏说："哈哈，巧妙地和敌人做斗争，你是其中突出的一个女同志嘛!"当杨刚说起从纽约到香港，策动香港《大公报》同人转变立场的情况时，毛泽东听了高兴地说："好！好！我们欢迎香港《大公报》主编王芸生先生到解放区来!"

离开西柏坡后，杨刚随军南下，以军代表的身份同王芸生一起奔赴上海，接管上海《大公报》。1949 年 6 月 17 日，上海《大公报》发表《新生宣言》。从这一天起，《大公报》全体同人正式加入了革命队伍。

毛泽东与吴晗畅谈中国历史

1948 年吴晗和夫人由北平到达李家庄

1948 年 8 月，国民党发布了在全国逮捕爱国学生和民主人士的命令。吴晗以“危害国家”“共产党嫌疑分子”等罪名被列在第一批黑名单中。为此，北平地下党组织对吴晗发出邀请，请他离开国统区，前去解放区商谈筹备新政协之事。于是，吴晗在中共中央的精心安排下，与妻子袁震在中共交通员的护送下前往解放区。当他们通过最后一条河进入解放区时，吴晗高兴极了，庆幸自己终于“回到广阔的自由天地”。

1948 年 11 月的一天，历经千难万险到达解放区的吴晗在西柏坡见到了毛泽东。酷爱历史科学，很关心吴晗写的《朱元璋传》的毛泽东与吴晗一见面，就要他拿来《朱元璋传》原稿，并特地约好畅谈了一次。吴晗作为史学家，对抗日战争时期自己写的《由僧钵到皇权》和《明太祖》两本书都不满意。所以从 1947 年起，他利用工作间隙重写此书，篇幅扩大近一倍，书名改为《朱元璋传》。这次，他把这部书稿也带到了解放区。几天后，在毛泽东办公室，两人围炉侃侃而谈，中心是谈《朱元璋传》。毛泽东在谈话时除对书稿畅谈了自己的见解外，特别指出书中彭和尚的问题。彭和尚是元末农民大起义红巾军的领导人之一，十分坚强，1338 年和徒弟周子旺一起发动起义，失败后，于 1351 年再次与徐寿辉等人聚众起义，建立了政权。他推徐寿辉为首领，自任军师。1353 年在杭州战斗中彭和尚被元军擒获，英勇牺牲。而吴晗在《朱元璋传》里对彭和尚的结局却是这样写的：他起义成功以后，就烟一样消失了，回到人民中间去了。

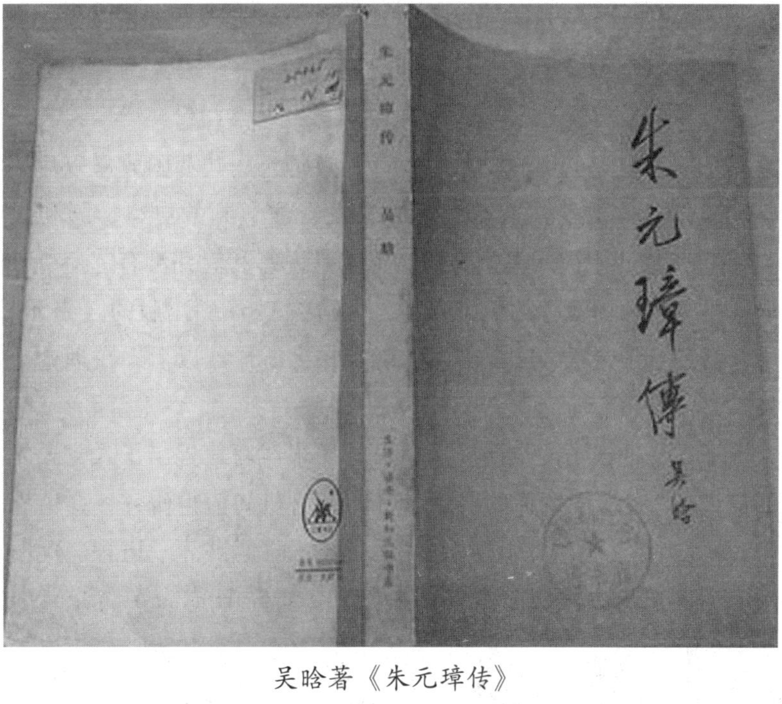

吴晗著《朱元璋传》

吴晗断定彭和尚是功成不居，不是为了做大官而革命，是个了不得的人物。但毛泽东对吴晗这样写彭和尚，大不以为然。他对吴晗说："这样坚强有毅力的革命者，不应该有逃避的行为，不是他自己犯了错误，就是史料有问题。"他把《朱元璋传》的原稿退还给吴晗，还附了一封信，阐明他的意见，并提出吴晗研究历史尚存在的问题。信的原文如下：

辰伯先生：

两次晤谈，甚快。大著阅毕，兹奉还。此书用力甚勤，掘发甚广，给我启发不少，深为感谢。有些不成熟的意见，仅供参考，业已面告，此外尚有一点，即在方法问题上，先生似尚未完全接受历史唯物主义作为观察历史的方法论。倘若先生于这方面加力用一番功夫，将来成就不可限量。

谨致

革命的敬礼

毛泽东

十一月二十四日

毛泽东的意见给了吴晗极大的教育。中华人民共和国成立以后，吴晗重翻《明实录》等文献，果然发现过去没有注意到的史料，彭和尚实是1352年在杭州战斗中被元军杀害的。也就是说彭和尚并没有逃避，一直革命到底，是为革命而牺牲的英雄人物。吴晗在1965年出版的《朱元璋传》序言中曾自我批评说："这个错误的观点在到解放区以后，在理论上得到了启发。"

在毛泽东找他谈了两次话以后，吴晗回来就写信提出了入党要求。毛泽东回信说："我们同意你的要求，唯实行时机尚值得研究，详情恩来同志面告。"几天后，周恩来找吴晗谈了一次，向他讲清了道理。此时，吴晗已决心为创造新中国贡献自己的一切，争取早日成为一名光荣的共产党员。

陈叔通直言献策

毛泽东主席和陈叔通

1948年，中国共产党邀请各爱国民主人士北上解放区商议成立新政协。当时陈叔通已逾古稀之年，他的亲友们都认为战争还在进行，长途跋涉到解放区不合适，力劝他留在上海。但陈叔通不假思索，欣然同意了共产党的邀请，并说："救中国的只有共产党，我坚定不渝地跟共产党走，没有什么个人安危可以考虑的。"在离开上海的时候，他还满怀激情地写了一首言志诗：

迟暮长征两鬓皤，未除元恶肯投戈。
书疆玉气成狐鼠，夹道军声乱鸭鹅。
姑息终贻他日患，纵谈遥忆故人多。

正如夜尽方迎曙，回首中原发浩歌。

陈叔通到达西柏坡后，见到毛泽东、朱德、周恩来等这些叱咤风云的伟大人物，是那样和蔼可亲，平易近人，心里十分震惊。毛泽东主席亲自在门口迎接他，并热情地拉着他走进简陋的办公室，尊称他为叔老，嘘寒问暖，使陈叔通感到犹如到家见了亲人一样，非常温暖。毛泽东主席握着他的手真诚地说："叔老，你长期在旧社会能够出污泥而不染，真是难得。"陈叔通听着大家对他过去不事权贵、洁身自好的称赞，一股热流涌上心头，感到十分欣慰与高兴，激动地说："我没有起来同他们斗争，感到惭愧。"

从香港回解放区的船上留影（1949 年 3 月）中排左起：包达三、柳亚子、陈叔通、马寅初；后排左起：傅彬然、沈体兰、宋云彬、张纲伯、郑振铎、叶圣陶、王芸生

为筹备召开新政协事宜，党中央领导同志经常请陈叔通参加讨论各项重大问题，对许多重要大事，毛泽东也多次亲自向陈叔通征求意见。一

次，毛主席对他说："你是清朝的翰林，经历了几个时代，见多识广，你的经验是很宝贵的。"陈叔通秉性耿直，他经常思考重要问题，认为自己意见是正确的，就直率地向毛主席、周副主席陈述。例如，在讨论新政协是否提早在石家庄召开时，他主张待北平解放，确定首都后，在北平召开为好。又如新中国是否要另立年号时，他主张用公历，如此等等，都是和党中央的决策相符的。也有些别的问题，如墓葬，有人主张平地浅葬，他则建议改用火葬。他的真知灼见，深得党中央同志的赞赏。

在西柏坡，陈叔通深深地感到，中央领导同志每次都是真心实意地同他商量，所以他总是表示说："你们让我做什么，我一定全力去做！"

毛泽东亲切看望老师符定一

符定一

1948 年“五一”劳动节口号发布后，教育家符定一受中国共产党邀请前往解放区商议新政协事宜。为保证安全，华北局派专人护送他由沧县秘密进入解放区，到达华北局城工部所在地泊头后，党中央立即派车接符定一前往中央驻地。

到达西柏坡时，夜幕已降临。符定一见毛泽东等中央领导亲自迎接于院门口，十分感动。吃过饭后，谈话从晚上十一点一直持续到凌晨三点。在与周恩来的谈话中，符定一建议先攻天津，和平解放北平，这不仅于国于民有利，而且也有可能。周恩来听后，频频点头，并把他这个想法与毛泽东进行了沟通。

和平解放北平的消息刚传到西柏坡，毛泽东想把这件特大的喜事立即告诉符定一，于是马上叫人派车亲自前往中央统战部驻地李家庄去。在李家庄毛泽东一见到符定一，就亲切地握住老师的手说：“好久没有见到你老人家了。今天一方面来看你，一方面向你报告一个好消息：傅作义已经同意了我们的条件，北平和平解放了。”符定一听后，高兴地说：“这可是大家的希望，这都是毛主席胸怀广阔和共产党的英明使然，否则，北平怎能和平解放?”毛泽东笑着对符定一说：这是民主起了决定作用，广集群言，也包括符定一你老人家的意见。符定一感动地说：“还是毛主席和共产党伟大，创造了奇迹。”

当符定一知道毛主席已两天两夜没有休息，不顾疲劳把好消息第一个告诉自己时，他紧紧握住毛泽东的手，激动得流出了眼泪，说：“毛主席为中国人民解放事业做出了多么伟大的贡献呀!”毛泽东谦虚地说：“符先生夸奖了。”临分手时，毛泽东看到李家庄符定一的居所十分简陋，条件很差，想到老师年纪大了，坐硬椅子会腰痛，便马上派人从西柏坡送来了一个软沙发。

1949 年 3 月下旬，中共中央和人民解放军总部迁至北平。行前一天，毛泽东又亲自到符定一处辞行。毛泽东说：“北平虽然和平解放了，但还不太安全。我们先进北平，等安定了你再进城。今天特向你辞行。”符定一把毛主席送到门外。在门口，毛泽东竟风趣地突然打了一个立正，恭敬地行了一个举手礼，大声说：“符先生保重，北平见!”

1950 年 6 月，毛泽东和自己的老师符定一交谈

毛泽东走后，符定一深情地说：“得民心者得天下，毛主席如此敬老崇文，必得人心。”

毛泽东与民主人士彻夜谈心

1949年1月中旬，受中共中央邀请，雷洁琼、严景耀、费孝通、张东荪一行四人从北平西郊八大处出发，由八名解放军战士护送，乘大卡车前往西柏坡。

雷洁琼

到达西柏坡后，在朴素整洁的饭厅里，毛泽东、刘少奇、周恩来、朱德、任弼时、邓颖超等人都来看望他们。毛泽东平易近人，谈笑风生，和他们一一握手问好，气氛十分轻松愉快。饭后，他们随着毛泽东走进办公室，围绕着放满电报稿的书桌坐下。政治学教授张东荪很高兴有机会向中共中央领导人当面阐述自己的政治主张，他送给了毛泽东一本封笔之作《民主主义与社会主义》，毛泽东也回赠一套东北解放区出版的《毛泽东选集》。

相遇有见解的朋友，毛泽东谈兴甚浓。1998年10月，在纪念“五一”劳动节口号发布五十周年时，雷洁琼故地重游，回到西柏坡，在回忆那次谈话时，说："西柏坡是我第一次见到毛主席并聆听他谆谆教诲的地方，也是我第一次与中共中央领导人共商大计的地方。毛主席非常健谈，谈到国内形势、对民主党派的希望和全国解放后的美好前景，一直谈到凌晨二时。"

费孝通与雷洁琼重访故地

那天晚上，毛泽东与民主人士谈话的范围很广，大致谈了四个方面的内容。一是谈当时的国内形势和对民主党派的要求。毛泽东说，人民解放战争已经在全国范围内取得决定性的胜利，但是敌人是不会自行消灭的，正在玩弄反革命的两手。一手是继续组织残余的军事力量在长江以南负隅顽抗；另一手是策动中间力量在革命阵营内部组成反对派，极力使革命就此止步。针对在民主党派和知识界中，有些人主张"和谈""划江而治""中间路线"的错误主张，毛泽东精辟地分析了当时的形势，指出摆在中国人民和民主党派、人民团体面前的问题必须是将革命进行到底，如果革命半途而废，那就是违背人民的意志，使国民党赢得养好创伤的机会，在一个早上猛扑过来，将革命扼杀，使中国又回到黑暗世界。毛泽东还以蛇和农夫的寓言作形象比喻，指出决不能怜悯恶人，要求民主党派必须选择自己应走哪条道路。毛泽东这番话讲得生动形象，给在座的四位教授很深刻的教育，增强了他们对革命必将迅速在全国获得最后胜利的信心，也更坚定他们继续参加爱国民主运动的决心。

二是毛泽东与雷洁琼等人共同探讨了知识分子的问题。毛泽东详细询问了北平西北郊区解放后，知识分子的思想、工作和生活情况，询问是否还有清朝的翰林、进士，还询问了留在上海的张澜、罗隆基等爱国民主人士的情况，要在座的四位贤达广泛推荐人才。当听到北平四教授谈到在国民党腐败政治的统治下，通货膨胀，物价飞涨，清华、燕京两校的教师生活困苦，仍然坚守岗位，等待解放，有的人在蒋介石派飞机接他们去南京而拒绝离开时，毛泽东十分高兴地说，中国的知识分子绝大多数是爱国的，是要革命的。

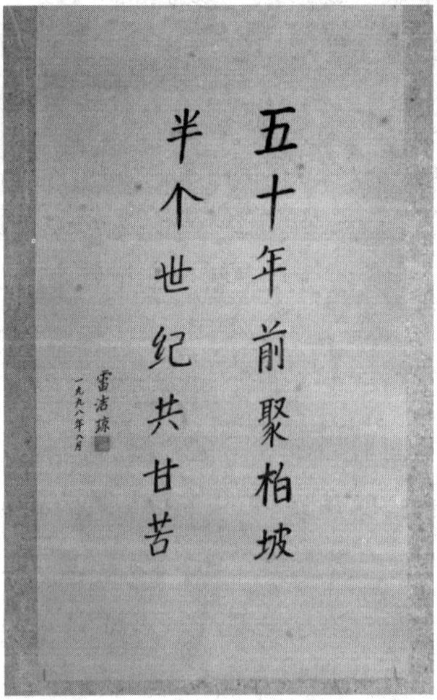

雷洁琼为西柏坡题词

三是毛泽东同雷洁琼等人谈到全国解放后的经济建设和科学、教育、文化事业的发展问题。毛泽东强调发展交通铁路运输事业对经济建设的重要性，中国幅员广大，内地和边疆地区更是落后，一定要建设一个四通八达的铁路网。在谈到学术思想的各种派别问题时，毛泽东主张通过自由讨论来统一思想，促进艺术的发展、科学的进步和文化的繁荣。毛泽东在战争时期就深谋远虑，想到革命胜利后的经济和文化建设问题，想到改善人民的生活问题，这使北平四教授钦佩不已，深深感受到了他的渊博学识及高瞻远瞩。

四是毛泽东告诉雷洁琼他们，要把美国政府当权者同广大美国人民区别开来。一定要警惕美帝挑拨知识分子同党的关系，要丢掉幻想。但是也提出美国的广大人民是友好的，同中国人民有传统的友谊。

一席长谈，从傍晚开始直到深夜才结束。雷洁琼、严景耀、费孝通、张东荪四人听到毛泽东敞开心扉的一席话，都非常兴奋，感到这是受到一次毕生难忘的马克思主义思想教育。

为七届二中全会执行警卫任务

为确保中共七届二中全会的安全召开，中国人民解放军第六十三军一八七师参谋长杨尚德带了一个团到达西柏坡，担任警戒工作。

毛泽东和警卫战士在一起

中共中央办公厅主任杨尚昆交代任务，强调说："中央在此开会，你们这个团和高炮营担任外围警戒，准备对付敌人的空降、空袭，防止敌人来轰炸和捣乱。一定要保证会议的安全。"

受领任务后，杨尚德反复地思考着，要对付敌人可能的空袭、空降和捣乱，首先是如何掌握敌情问题，其次是对空中和对地面的警戒。这些都需要进行周密的布置，要有多种方案。为此，他和团、营干部一起勘察了两天地形，然后反复进行了研究，制定出反空袭、反空降和对付小股敌人破坏捣乱的作战方案，并将部署情况、作战方案和战斗保障措施向杨尚昆写了报告，还附上了要图。

1949 年 3 月 5 日，中国共产党第七届中央委员会第二次全体会议在西柏坡开幕了，杨尚德他们即全力以赴地投入全会的警戒工作，经常研究空中和地面可能出现的情况，每天向有关领导汇报一次情况，听取指示。各级干部都夜以继日地坚守在战斗岗位上，亲自查哨，熟悉作战方案、通信联络信号；还经常组织部队进行战斗、射击训练，使上下始终保持着高度的警惕。

中共七届二中全会顺利结束后的一天中午，朱德总司令准备了午餐，招待为会议担任警戒任务的团以上干部。在一间和厨房相连的长形食堂里，总司令和大家亲切握手。总司令说：七届二中全会胜利闭幕了，你们的任务完成得很好，你们这个团就要回到原部队。我们要向全国进军了，要坚决、彻底、干净、全部地消灭蒋介石的军队。大家纷纷表示：总司令指到哪里我们就打到哪里，坚决完成党和人民交给的一切任务！

中共七届二中全会期间，朱德同战友们亲切交谈

总司令听了很高兴，接着又说："你们要和战士们讲清楚，不要怕离开自己的家乡。我们有许多好的革命传统，战胜了许多困难。现在我们很快就要取得全国的胜利了，我们的革命斗争不能停，革命传统不能丢。要发扬我们好的传统和作风，把革命进行到底！"

听了总司令这些话，大家感到增添了无穷的力量，受到了极大的教育和鼓舞。

小小屋子两家亲

西柏坡是个不大的村子，中共七届二中全会期间，从四面八方赶来赴会的中央委员和其他领导，济济一堂，畅谈解放战争在各地区的胜利和趣闻。王稼祥夫妇的住处被安排在朱德和康克清住的窑洞。他们进去后，发现那里安置了两张能睡双人的大板床，一个桌子，两把椅子。王稼祥夫妇望望德高望重、年已六旬的总司令，又望望从井冈山下来的康大姐，一股难以克制的感情涌上心头。他们想到自己已经在大城市，出门有汽车，餐桌上摆的是鱼肉，休息时漫步松花江畔，习习轻风驱散一天的疲劳。今日到党的总指挥部，俨然又回到了延安。他们望着这窑洞，触景生情，百感交集。

康克清与朱仲丽

朱总司令和康大姐见王稼祥进来，热情地迎上前，大家互致问候。寒暄后总司令说："你们已被安顿在我这个窑洞里住，喏，行李已经搬来了。""呀，挤了你俩怎么可以?"朱仲丽走到窑洞里面的那张床边，一边铺床一边说。"有地方就一起住，挤也只会挤几天，就要进大城市了。"朱老总坐在书桌边说。

"没有关系，只怕挤了你和王主任哪。"康克清大姐帮王稼祥夫妇铺床铺和被子。"哪里，哪里。"王稼祥手执文件集中全力在翻看那些有关即将召开的七届二中全会的材料，他整个思想考虑的都是全国的形势。

康克清牵着朱仲丽的手往窑洞外走，轻轻说："我带你看看这四周的环境，让他俩办事吧。"她们一出窑洞，遇见了摄影师，于是两人拥抱着站在窑洞前，照了几张相。康克清仍穿着延安时的便装，短直发，朱仲丽则穿了一件灰色半西装式的上衣和一条哔叽料的裤子。屋里屋外，两对革命夫妻，亲亲热热，好似一家人。

军旗在西柏坡诞生

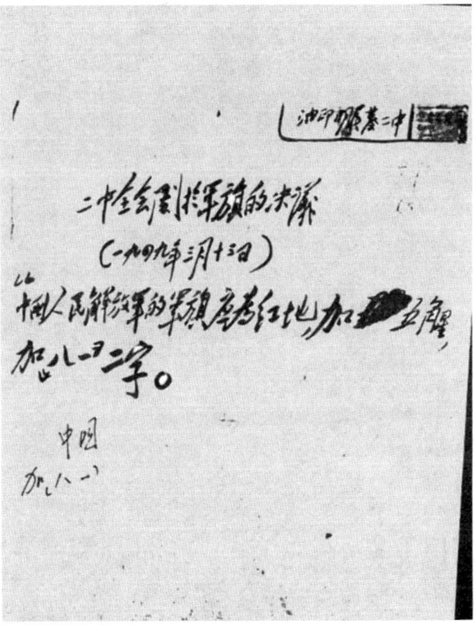
油印分发各二中

二中全会关于军旗的决议

（一九四九年三月十三日）

“中国人民解放军的军旗应为红地，加五角星，加“八一”二字。

中国

加“八一”

军旗决议

1949 年 3 月 5 日，党的七届二中全会在西柏坡举行，当两幅“八一”军旗的样旗出现在会场时，所有中央委员都感到无比兴奋，因为人民军队从此有了自己统一的旗帜。

在西柏坡，中央军委开始着手部队正规化建设，除统一全军的编制外，军旗也急需统一。根据中央军委的指示，周恩来责成作战部设计军旗式样，并向各大军区发电征集方案。刘长明他们用黄色的电光纸剪成五角星，贴在红纸上，有的同志还在五星下面加上一些装饰……几乎每个人都设计了一张，全部挂在作战室。

人民日報

中國人民革命軍事委員會發佈命令
公佈中國人民解放軍軍旗及軍徽樣式

陝西渭河以南我軍
殲敵一個軍大部

廣州殘匪大部逃散

新華社評
把人民解放軍的軍旗插遍全中國

華北人民政府頒佈
商標註册辦法及施行細則

1949 年 6 月 15 日《人民日报》刊登关于《公布中国人民解放军军旗及军徽样式》的报道

然而开始设计的方案中都没有“八一”两个字，大家画了几种图案都不合首长的意。有一天，中央机要室的叶子龙拿着山东军区出版的一本《前卫》杂志来到作战室说：“毛主席对这个图案很感兴趣，他说旗帜要鲜明，请你们照着这个图案画样子吧。”那是《前卫》“八一专刊”的封面画——一面迎风招展的红旗上有一个黄五角星和“八一”两个大大的黄字，它标志着党的领导和建军日期，意义和色调都很鲜明，看上去使人精神振奋，于是他们就据此画出了“八一”军旗的图案。

真正主持设计和制作军旗的是当时军委作战室主任张清化和一科科长江右书。他们二人把两幅样旗挂在七届二中全会会场的墙上，请中央委员们审议。在大会结束的 3 月 13 日通过了毛泽东起草的《关于军旗的决议》，《决议》明确规定：“中国人民解放军军旗应为红底，加五角星，加‘八一’二字。”

中共中央进京后，中央军委作战部拟制了《公布中国人民解放军军旗及军徽样式》的命令，由中央军委主席毛泽东，副主席朱德、刘少奇、周恩来、彭德怀签署，于 6 月 15 日新政协开幕的当天向全国、全军正式颁布。新华社同日发表了社论《把人民解放军的军旗插遍全中国》，指出：中国人民解放军正在成为一支完全正规化的军队，它的军旗和军徽的颁布，正是它的正规化的重要标志之一……人民解放军的军旗和军徽，不但是人民解放军的标志，也是我们人民民主的新国家的重要象征。

进京赶考去

人民解放軍總部
昨日遷來北平
毛主席朱總司令西苑閱兵
各界代表及民主人士均往歡迎

关于中共中央到达北平的报道

1949 年 3 月 23 日，中共中央和解放军总部要进北平了，毛泽东就要离开工作生活了十个月的西柏坡，踏上赴京建立新中国的新征程。

前一夜，毛泽东批阅完最后一批文件后，站在窗前眺望着夜空，一支一支地抽起烟来。他想到中国革命的艰苦历程，想到李自成进北京的历史悲剧，思绪万千。一直到凌晨三四点钟，才上床睡觉。周恩来知道毛泽东睡得晚，一大早便对战士们说："你们不要九点钟叫主席起床，让他多睡一会儿没关系。"

快十点钟了，值班战士才把毛泽东叫醒。毛泽东显得精神焕发，异常高兴。他说："今天是进京赶考的日子。"周恩来风趣地说："我们都应当考及格不要退回来。"毛泽东满怀信心地说："退回来就失败了，我们决不做李自成！"

毛泽东前往北平途中

中共中央机关决定分三批离开西柏坡。第一批是先遣队，他们已经在北平一解放就进了城，接管北平，并为党中央进驻北平打前站；第二批是中共中央机关和毛泽东等领导人，他们乘坐汽车从西柏坡出发，经灵寿、正定北上向北平进发；第三批是后勤部门和后卫，坐车押运物资，经洪子店、温塘、平山、石家庄乘汽车北上到北平。

上午十一点，中共中央和解放军总部出发了。第一辆是吉普车，是带路的前导车。第二辆是中吉普车，司机周西林，毛泽东主席乘坐在这辆车上。由于沿途是马车走的土路，前面警卫车一路扬起的灰尘全落在后面的车上。因此，毛泽东戴上眼镜口罩，穿着雨衣，全副武装以抵挡灰尘。第三辆中吉普也是警卫车，坐着几名警卫员，跟在毛泽东的车后。第四辆是一辆小卧车，坐着刘少奇一家。第五辆是江青和李讷坐的中吉普车。第六辆是周恩来和邓颖超乘坐的，也是一辆中吉普车。往后第七辆、第八辆是朱德一家、任弼时一家乘坐的中吉普车。再往后是陆定一一家和胡乔木一家乘坐的第九辆、第十辆小吉普车。最后是由叶子龙一家乘坐的小吉普车断后压阵。中央警卫团的手枪连和一个步兵排分别坐在大卡车上担任沿途护卫任务。车队浩浩荡荡一路北上，踏上了赶京赶考的新征程。